와! 콩중이 팥중이다

새벽들 아저씨와 떠나는
밤 곤충 관찰 여행 4

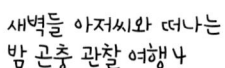 

와! 콩중이 팥중이다

초판 1쇄 발행일 2019년 9월 4일

지은이 손윤한
펴낸이 이원중

펴낸곳 지성사
출판등록일 1993년 12월 9일 **등록번호** 제10-916호
주소 (03458) 서울시 은평구 진흥로 68 정안빌딩 2층 북측(녹번동 162-34)
전화 (02) 335-5494 **팩스** (02) 335-5496
홈페이지 www.jisungsa.co.kr **이메일** jisungsa@hanmail.net

ⓒ 손윤한, 2019

ISBN 978-89-7889-422-7 (74470)
ISBN 978-89-7889-401-2 (세트)

잘못된 책은 바꾸어드립니다. 책값은 뒤표지에 있습니다.

「이 도서의 국립중앙도서관 출판예정도서목록(CIP)은 서지정보유통지원시스템 홈페이지(http://seoji.nl.go.kr)와
자료공동목록시스템(http://www.nl.go.kr/kolisnet)에서 이용하실 수 있습니다. (CIP제어번호:CIP2019032908)」

⚠ 주의 사항: 책장에 손을 베이지 않게, 책 모서리에 다치지 않게 주의하세요.

새벽들 아저씨와 떠나는
밤 곤충 관찰 여행 4

노린재
사마귀, 메뚜기
강도래와 날도래
대벌레, 집게벌레
바퀴

와!
콩중이 팥중이다

글과 사진 · 손윤한

지성사

일러두기

1. 여기에 실린 곤충은 대부분 밤에 만난 친구들이지만 필요한 부분을 설명하기 위해 낮에 만난 친구들도 함께 소개했어요.

2. 되도록 같은 종류끼리 묶어서 소개했어요. 예를 들면 매미는 매미끼리, 잠자리는 잠자리끼리, 딱정벌레는 딱정벌레끼리, 노린재는 노린재끼리 식으로요. 같이 알아두면 좋기도 하고 나중에 다시 찾아보기도 편할 거예요.

3. 밤 곤충을 관찰하려면 먼저 관찰 텐트나 등화 천을 설치하고 나서 밝은 등불을 비춰 곤충들을 불러들여야 해요. 등화 장치를 설치한 뒤 곤충이 모일 때까지 주변을 살펴보면서 밤 곤충을 관찰했지요. 사진에서 바탕이 하얀색이거나 그물망처럼 보이는 배경은 등화 장치에 모인 곤충이고, 자연을 배경으로 한 곤충들은 밤 숲을 이동하면서 관찰한 거예요.

4. 밤 숲에서 만나는 곤충을 맨손으로 함부로 만지면 안 돼요. 우리가 모르는 성분을 가진 나방이나 애벌레도 있거든요. 특히 쐐기나방 애벌레나 불나방, 독나방 애벌레는 조심해야 해요. 또 턱이 잘 발달한 육식성 곤충들이 물 수도 있어요. 물론 벌처럼 침으로 쏘는 곤충도 있지요. 그냥 눈으로만 관찰하는 게 좋지만 필요할 땐 꼭 채집통이나 관찰통에 넣고 보도록 해요.

5. 밤 곤충을 관찰하려면 몇 가지 준비가 필요해요.
   헤드랜턴, 손전등, 얇은 긴 옷과 바지, 발목까지 올라오는 신발, 비상약, 모자, 목에 두를 스카프나 손수건, 물과 간식, 관찰통 등.

들어가는 글

명(明)!

제가 좋아하는 한자예요. 명(明) 자는 해[日]와 달[月]을 합쳐서 만든 글자지요. 해의 밝음과 달의 밝음을 동시에 보아야만 밝음[明]을 이해할 수 있다는 뜻이지요.

생태계를 보는 시각도 이와 비슷하다고 생각해요. 처음 자연에 관심을 가졌을 때는 주로 낮에 산이나 들로 다니면서 생물을 관찰했지요. 그러다가 어느 날 문득 호기심이 드는 거예요.

'푸른 하늘을 날아다니는 저 예쁜 잠자리들은 어렸을 땐 어떤 모습일까? 그리고 밤에는 어디서 뭘 할까?'

이런 호기심에서 비롯된 저의 생태 여행은 물속으로 그리고 밤으로 이어졌어요. 물속 생물 관찰 여행은 《와! 물맴이다》에서 소개했지요. 밤 곤충 관찰 여행은 밤에 만난 나방 이야기 《와! 박각시다》를 시작으로, 이제 《와! 참깽깽매미다》《와! 폭탄먼지벌레다》《와! 콩중이 팥중이다》로 마무리되었어요.

생태계를 명(明)의 눈으로 보고 싶어졌어요. 그렇게 시작된 관찰 여행…….
밤으로의 생물 관찰 여행은 새로운 세계였어요. 낮에 보지 못했던 많은 자연 친구들을 만날 수 있었지요. 화려한 나방들 그리고 더듬이가 긴 베짱이들과 멋진 딱정벌레들, 일일이 다 설명할 수 없을 정도로 많은 자연 친구들을 만나서 행복했어요. 그리고 낮에 봤던 친구들이 밤에는 전혀 다른 모습을 보여주어 더 신기했지요.

이렇게 몇 년 동안 밤 숲을 다니다 보니 제가 만난 친구들을 소개해 주고 싶다는 생각이 들었어요. 그래서 여기에 작은 결과물을, 부끄럽지만 조심스럽게 내놓아요.

제가 만난 멋지고 아름다운 밤 생태계가 조금이라도 전달되었으면 좋겠어요.

이름만큼이나 생김새가 멋진 참깽깽매미를 비롯한 많은 매미들, 밤 숲에서 휴식을 취하는 잠자리들 그리고 섬에서 만난 당당한 풀무치와 조롱박먼지벌레와 제 연구소 밤 마당에서 만난 벌 집안과 파리 집안의 많은 친구들의 모습은 감동 그 자체였어요. 장수풍뎅이와 사슴벌레, 멋쟁이딱정벌레, 먼지벌레, 버섯벌레, 방아벌레, 목대장 등 수많은 딱정벌레들과 강도래와 날도래, 대벌레, 집게벌레, 바퀴……. 다시 생각해 봐도 신나고 가슴 벅찬 시간들이었어요. 참, 밤 숲의 또 다른 주인인 베짱이, 쌕쌔기, 긴꼬리 같은 여치 집안과 메뚜기 집안의 많은 친구들과의 만남도 잊을 수 없어요. 다양한 사마귀와 노린재들과의 만남도 신나는 추억이었지요.

지난 몇 년 동안 밤 숲을 다니면서 분에 넘칠 정도로 많은 곤충들을 만난 것은 행운이었어요. 우리 주변에 이런 멋진 곤충들이 산다는 것은 정말 축복이라는 생각이 들어요. 이들과 지낸 지난 몇 년 동안의 소중한 기록을 소개할 수 있어서 기뻐요. 이 책을 읽는 여러분도 저처럼 밤 숲의 매력에 흠뻑 빠지는 계기가 되었으면 좋겠어요.

명(明)!
해와 달의 밝음을 같이 알아야 하듯이, 숲의 낮과 밤을 동시에 이해해서 생태계뿐만 아니라 삶에도 명(明)한 사람이 되었으면 좋겠어요.

다래울 작업실에서 새벽들 씀

등장인물

 **새벽들 아저씨** 다래울이라는 작은 마을에 1인 생태연구소 〈흐름〉에서 곤충과 거미를 직접 키우기도 하고 아이들과 함께 산과 들로 생태 관찰을 하러 다니는 것이 여전히 신나고 재미있습니다. 게다가 우리 동네로 이사 온 영서, 영서 친구 진욱과 함께 7일 동안 다닌 거미와 그 뒤로 물속 생물 관찰 기록을 정리하여 책으로 《와! 거미다》, 《와! 물맴이다》를 펴냈지요. 밤의 숲 생태를 관찰하기 위해 캠핑장 통나무집에서 머물던 어느 날 밤, 영서와 진욱이가 불쑥 찾아왔네요. 어찌나 놀라고 반갑던지요.

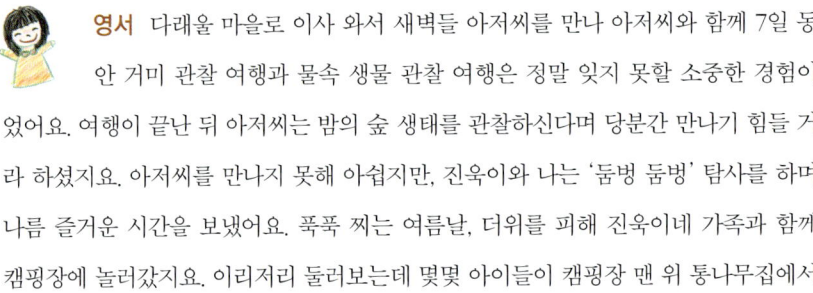 **영서** 다래울 마을로 이사 와서 새벽들 아저씨를 만나 아저씨와 함께 7일 동안 거미 관찰 여행과 물속 생물 관찰 여행은 정말 잊지 못할 소중한 경험이었어요. 여행이 끝난 뒤 아저씨는 밤의 숲 생태를 관찰하신다며 당분간 만나기 힘들 거라 하셨지요. 아저씨를 만나지 못해 아쉽지만, 진욱이와 나는 '둠벙 둠벙' 탐사를 하며 나름 즐거운 시간을 보냈어요. 푹푹 찌는 여름날, 더위를 피해 진욱이네 가족과 함께 캠핑장에 놀러갔지요. 이리저리 둘러보는데 몇몇 아이들이 캠핑장 맨 위 통나무집에서 밤마다 이상한 일이 벌어진다며 수군거리더라고요.

진욱 영서와 같은 유치원에 다닌 단짝 친구예요. 다래울로 이사 간 영서 덕분에 재미있고 유쾌한 새벽들 아저씨를 만난 건 내겐 행운이었어요. 아저씨와 영서와 함께한 거미와 물속 생물 관찰 여행으로 자연 생태계의 생명에 대한 신비함과 소중함을 알게 되었어요. 새벽들 아저씨가 또 다른 연구 과제로 바쁘셔서 한동안 만나지 못해 아쉬웠어요. 영서네 가족과 캠핑장에 도착한 어느 날, 통나무집에서 밤만 되면 어떤 아저씨가 하얀 침대보 같은 걸 쳐 놓고 뭔가를 한다는 얘기에 귀가 솔깃해졌어요. 혹시?!

차례

일러두기 ··· 4
들어가는 글 ··· 6
등장인물 ··· 8

가죽날개와 그물날개, 노린재 ▶ 10

곤충 사냥꾼 사마귀! ▶ 78

숲속의 음악가, 베짱이와 여치! ▶ 92

멀리뛰기 선수 메뚜기! ▶ 114

강도래와 날도래! ▶ 136

벌레야, 곤충이야?
　　　대벌레, 집게벌레, 바퀴벌레 ▶ 146

마무리, 다음을 기약하며⋯⋯ ▶ 158

찾아보기 ··· 162
참고한 자료 ··· 166

가죽날개와 그물날개, 노린재

주둥이노린재

새벽들 자, 등화도 설치했으니 이제 슬슬 산으로 가 볼까?

영서 오늘은 노린재를 찾아본다고 했죠? 어떤 아이들을 만날지 기대돼요.

진욱 노린재는 어떤 특징이 있나요? 왜 노린재라고 하죠?

영서 넌 그것도 몰라? 노린내가 나는 곤충이라 노린재라고 하는 거야. 맞죠?

새벽들 맞아, 하하하. 그럼 퀴즈! 노린재는 어디서 냄새가 날까요?

영서 당연히 입이죠. 아니, 똥꼬!

진욱 냄새샘이 따로 있겠지.

새벽들 진욱이가 맞혔어. 노린재 냄새의 뿌리는 바로 냄새샘이란다. 어릴 때는 냄새 나는 곳이 등 쪽에 있지만 다 자라면 옆구리 쪽, 곧 뒷다리와 배가 만나는 쪽으로 이동하지. 냄새 구멍은 한 쌍이고.

영서 냄새 나오는 데가 바뀌어요? 신기하네. 왜 그렇죠?

새벽들 노린재는 안갖춘탈바꿈을 하는 곤충이야. 번데기 시기가 없으니까 어렸을 때 모습과 다 자란 때의 모습이 비슷해. 두 시기의 차이점이라면 날개가 있느냐 없느냐지. 애벌레 때는 날개가 자라지 않아서 냄새 나는 곳이 등 쪽에 있어도 괜찮지만 다 자라면 날개가 등을 가리잖아. 그래서 냄새 나는 곳이 옆구리 쪽으로 이동하는 거야.

진욱 와, 똑똑한 아이들이네요.

새벽들 영서 말대로 우리나라 사람들은 이 곤충에게서 노린내가 난다고 노린재라 불렀단다. 곤충 분류학에서는 냄새보다 이 녀석들의 날개에 관심을 두지. 노린재가 여느 곤충들과 다른 이유를 날개에서 찾은 거야.

영서 하기 냄새는 다른 애들도 풍기니까요. 노린재는 날개가 어떻게 다른데요?

새벽들 곤충의 날개는 보통 앞날개와 뒷날개가 있는데 노린재는 이 앞날개가 여느 곤충과 다르단다. 앞날개의 앞부분이 딱딱한 가죽날개(혁질)이고 나머지 부분은 부드러운 그물날개(막질)야. 물론 뒷날개는 부드러운 그물날개고.

노린재 앞날개 구조

진욱 그럼 노린재 앞날개는 가죽날개와 그물날개 두 가지인 거네요.

새벽들 맞아. 이런 형태의 날개는 보통 곤충에서는 아주 드문 특징이지.

영서 어젯밤에 봤던 아이요, 장님노린재. 그런 애들이 정말 많아요? 난 본 적이 없어서요.

새벽들 장님노린재과는 노린재과 가운데 가장 큰 과야. 우리나라에 약 220여 종이 산다고 알려졌는데 크기가 작다 보니 사람들의 관심을 끌지 못했지. 그리고 워낙 비슷비슷하게 생기기도 하고. 오늘 잘 찾아보면 많은 녀석들을 만날 거야. 자, 먼저 등불에 모인 녀석들을 좀 살펴볼까?

진욱 여기 작은 노린재들이 많아요. 초록색도 있고 검은색도 있고…….

영서 줄무늬도 있어요. 더듬이가 빨간 아이도 있고요.

새벽들 오, 많이들 왔구나. 언뜻 보면 비슷비슷하니까 찬찬히 살펴보면서 특징들을 알아보자.

영서 얘가 제일 독특해요. 더듬이가 빨개요.

새벽들 그 녀석은 빨간촉각장님노린재라고 하지. 더듬이를 촉각이라고도 하는데 그 부분이 빨간색이라 붙인 이름이야. 벼에서 주로 보이는데 벼과 식물의 즙을 즐겨 먹는 모양이야.

진욱 그 옆에 있는 애는 어제 본 것 같아요. 이름은 잘 모르겠지만 어제 본 아이와 비슷하게 생겼어요.

영서 정말 그렇네. 어제 봤던 아이야. 옆에도 비슷한 아이가 있어요.

새벽들 홍색얼룩장님노린재와 홍맥장님노린재란다. 너희, 눈썰미가 대단하다~. 어제 물달개비바구미와 같이 봤던 녀석이구나.

진욱 여기는 초록색 아이들이 모여 있어요. 비슷하면서도 조금씩 달라요.

영서 맞아요, 자세히 보니까 무늬가 조금씩 다른데요?

더듬이(촉각)가
빨간색이다.

빨간촉각장님노린재

홍색얼룩장님노린재

홍맥장님노린재

초록장님노린재 닮은초록장님노린재 명아주장님노린재

새벽들 어디 보자, 저기 있는 녀석은 초록장님노린재, 그 옆에는 닮은초록장님노린재, 그리고 날개에 하얀색 점무늬가 흩어져 있는 녀석은 명아주장님노린재구나. 명아주라는 식물이 있는데 거기에 자주 모인다고 해서 붙인 이름이지. 비슷비슷하지만 조금씩 다르단다.

진욱 여기 얘들도 장님노린재인가요? 색은 다르지만 비슷하게 생겼어요.

영서 그래요, 색과 무늬는 다르지만 느낌이 모두 비슷해요. 아, 이렇게 생긴 아이들을 장님노린재라고 하는구나. 자꾸 보니까 조금 알 듯해요. 그런데 아까 장님노린재가 220종이 넘는다고 하셨죠? 이렇게 생긴 아이들이 우리 주변에 그렇게 많아요?

새벽들 그렇단다. 새로운 종이 계속 발견되는 걸 보면 아직도 우리가 모르는 장님노린재가 많다는 뜻이지. 이렇게 등불에 모이는 녀석들은 그나마 보기 쉽지만 그렇지 않은 녀석들은 보기도 힘들고, 본다고 해도 이름을 다 불러 주기도 만만치 않아. 그냥 이런 녀석들이 장님노린재구나 하고 생각하렴. 사실 아저씨도 그러고 있거든, 하하.

진욱 흠, 저렇게 덩치가 작은 아이들은 조금만 먹어도 되겠어요. 조금만 먹어도 금방 배부를 테니까요.

영서 그러게. 얘들은 뭘 먹나요?

새벽들 보통 장님노린재들은 식물 즙을 빨아 먹는 초식성이지. 몇몇 종은 진딧물 같은 작은 곤충을 잡아 그 즙을 빨아 먹는 육식성도 있다고 해. 신기하지?

진욱 네? 저렇게 작은데 사냥을 한다고요? 어떤 애가 육식성 장님노린재예요?

새벽들 여기 어딘가에 있을 텐데······. 검은색 몸에, 등에 하트 무늬가 있는 장님노린재가 있을 거야. 한번 찾아보자.

영서 혹시 얘 아니에요? 등에 하트 무늬가 뚜렷해요.

새벽들 오, 그래. 알락무늬장님노린재라는 이 녀석이 바로 육식성 장님노린재란다. 장님노린재과 중에서 무늬장님노린재족에 속하는 아이들이 육식성이라고 알려졌지. 비슷한 아이로 밀감무늬검정장님노린재나 세쪽지무늬장님노린재 그리고 소나무장님노린재 같은 녀석들도 육식성이지.

우리 주변에서 볼 수 있는 장님노린재

각시장님노린재

고려애장님노린재

최고려애장님노린재

고운고리장님노린재

참고운고리장님노린재

동쪽탈장님노린재

탈장님노린재

두무늬장님노린재　　　맵시무늬고리장님노린재　　　목도리장님노린재

민장님노린재

변색장님노린재

보리장님노린재

애무늬고리장님노린재

설상무늬장님노린재 애벌레

설상무늬장님노린재

큰검정뛰어장님노린재

장님노린재과 무늬장님노린재아과 무늬장님노린재족에 속하는 육식성 장님노린재

밀감무늬검정장님노린재 애벌레

밀감무늬검정장님노린재 무늬 변이종도 있다.

매미나방 애벌레를 사냥하여 먹고 있다.

알락무늬장님노린재

세꼭지무늬장님노린재

소나무장님노린재

어리무늬장님노린재

대륙무늬장님노린재 무당벌레 알을 먹고 있다.

조상부에 검은색 무늬가 있다.

흰무늬긴노린재

조상부에 검은색 무늬가 없다.

어리흰무늬긴노린재

진욱 여기 있는 작은 노린재도 장님노린재인가요? 몸에 하얀색 무늬가 예뻐요.

영서 몸 모양이 조금 다른데? 장님노린재와 크기는 비슷하지만 몸이 조금 길어 보여요.

새벽들 어디 보자, 긴노린재구나. 흰무늬긴노린재라고, 긴노린재과에 속하는 녀석이란다. 몸이 조금 길게 보여서 긴노린재라고 이름 붙였는데 주로 콩과 식물이나 벼과 식물의 즙을 빨아 먹으면서 산다고 알려졌지. 어, 그 옆에 비교하기 좋은 긴노린재가 한 마리 있구나. 저 녀석은 어리흰무늬긴노린재라고 해.

영서 둘이 똑같은데, 어디가 달라요?

새벽들 자세히 보면 등에 작은 삼각형이 있는데 작은방패판이라고 해. 그 옆은 조상부라고 하지. 곧 작은방패판과 가죽날개 사이의 부분을 가리켜. 그곳에 검은색 무늬가 있는 녀석이 흰무늬긴노린재란다. 없으면 어리흰무늬긴노린재고. '어리'란 말은 비슷하다는 뜻이지.

진욱 와! 그런 차이까지 관찰해야 하다니, 덩치도 작은데……. 그냥 보면 모르겠어요.

영서 여기 얘도 몸이 길어요. 긴노린재인가? 어, 더듬이도 길어요.

진욱 와, 영서야, 다리 봐. 앞다리에 알통이 장난이 아니야. 운동선수 같아.

영서 정말, 근육이 장난이 아닌데. 어, 그 옆에도 다리에 알통이 있는 아이가 있어요. 생김새는 조금 다른데 알통은 비슷해요.

새벽들 더듬이긴노린재란다. 너희 말대로 더듬

더듬이긴노린재 알통다리가 발달했다.

20

더듬이긴노린재 암컷

더듬이긴노린재 수컷

더듬이긴노린재 애벌레

이가 길 뿐만 아니라 앞다리가 아주 잘 발달한 녀석이야. 더듬이는 수컷이 훨씬 길지. 그리고 영서가 본 녀석은 측무늬표주박긴노린재인데 자세히 보면 가슴이 독특하게 생겼어. 둘 다 앞다리가 잘 발달한 긴노린재야.

진욱 긴노린재과도 많네요.

새벽들 우리나라에 약 80여 종이 산다고 알려졌지. 좀 더 관심을 가지면 자주 볼 수 있는데 너무 작아서 관찰하기가 까다로운 녀석들이야.

영서 긴노린재는 모두 식물 즙을 먹나요?

새벽들 대부분의 긴노린재들은 식물의 즙을 빨아 먹고 살지만 그중에는 육식성도 있어. 정확히는 육식도 하고 식물도 먹는 잡식성이지만. 큰딱부리긴노린재가 그렇지.

측무늬표주박긴노린재

잡식성인 큰딱부리긴노린재

둘레빨간긴노린재

영서 딱부리요? 딱부리가 뭐예요?

새벽들 눈딱부리를 말하는데, 크고 툭 튀어나온 눈이라는 뜻이야. 이름처럼 그 녀석은 겹눈이 아주 크거든.

진욱 여기도 비슷한 노린재가 있어요. 짝짓기하는 녀석도 있고요.

새벽들 애긴노린재구나. 작고 귀여운 녀석이지. 근처에 비슷한 노린재들이 더 있구나. 한번 살펴보자.

애긴노린재

깜둥긴노린재

넓적긴노린재

달라스긴노린재

굴뚝긴노린재

십자무늬긴노린재 애벌레

십자무늬긴노린재

영서 여기 애는 넓적해 보여요.

진욱 위에서 보니까 타원 모양이에요. 긴노린재나 장님노린재과는 몸 생김새가 달라요. 누군가요?

새벽들 별노린재라고 하지. 별노린재과에 속하는 녀석이야. 그 녀석도 장님노린재처럼 홑눈이 없단다. 주로 열매와 과일, 식물 즙을 먹고 살지. 가끔 등불에 날아오지만 땅에서 기어 다

별노린재

밤에 본 실노린재

실노린재 짝짓기　　　　　　　　　　　　　　　실노린재 애벌레

니는 모습을 더 자주 볼 수 있단다.

영서 어, 그 옆에 모기 같은 게 있어요. 아니, 각다귀인가?

새벽들 그 녀석도 노린재란다. 실노린재과의 실노린재야. 몸이 실처럼 가느다랗지.

진욱 실노린재도 있어요? 정말 신기해요.

새벽들 아주 가느다란 노린재라 각다귀나 모기로 오해받기도 해. 주로 잎 위에서 생활하는데 가끔 이렇게 등불에도 찾아온단다. 식물에 주로 보이는 잡초노린재도 있는데 주변에서 자주 보이는 녀석들이지. 밤에도 가끔 보이지만 주로 낮에 많이 보여. 잡초노린재들은 신기하게

삿포로잡초노린재

붉은잡초노린재

점흑다리잡초노린재

투명잡초노린재

얼룩뿔노린재

도 냄새샘이 없어서 냄새가 나지 않아.

영서 별노린재, 실노린재, 잡초노린재…… 이름이 재미있는 노린재가 많아요.

진욱 여기 독특하게 생긴 노린재가 있어요.

영서 정말이네. 초록색 얼룩이 잔뜩 묻은 것처럼 보여요. 어, 앞가슴 양쪽이 뿔처럼 뾰족하게 튀어나왔어요. 누구죠?

새벽들 뿔노린재란다. 영서 말처럼 앞가슴 등판의 돌기가 양쪽에 뿔처럼 뾰족하게 튀어나와서 붙인 이름이지. 그 녀석은 얼룩뿔노린재인데 주로 식물 즙을 빨아 먹고 산단다.

영서 뿔이 있어서 뿔노린재군요. 보통 뿔노린재들은 저렇게 뿔이 있나요?

새벽들 대부분 뿔 모양의 돌기가 있지. 좀 뭉툭한 녀석도 있고 날카로운 녀석도 있단다. 뿔노린재들은 암컷이 모성애가 강하다고 알려졌어. 보통 노린재와 달리 알을 낳으면 떠나지 않고 그 자리에서 알을 지키지. 수컷들은 배 끝에 가위 같은 멋진 돌기가 있고. 노린재 가운데 아름다운 무리에 속해.

진욱 저도 본 적이 있어요. 초록색 몸에 배 끝에 빨간색 가위 같은 게 있더라고요. 흠, 그게 뿔노린재였구나.

새벽들 맞아. 가위 모양의 돌기가 바로 수컷의 생식기인데, 그 모양에 빗대어 가위뿔노린재라고 붙인 이름이지.

굵은가위뿔노린재 수컷

긴가위뿔노린재 수컷

긴가위뿔노린재 암컷

남방뿔노린재   녹색가위뿔노린재 암컷   등빨간뿔노린재 수컷

영서 난 뿔노린재가 아주 마음에 들어요. 또 어떤 뿔노린재가 있나요?

새벽들 등에 노란색 하트 무늬가 있는 에사키뿔노린재와 뽕나무에 알을 낳는 푸토니뿔노린재도 있고, 음 또…… 등에 X 자처럼 보이는 줄무늬가 있는 남방뿔노린재도 있고, 등이 붉은 갈색인 등빨간뿔노린재도 있지.

영서 보고 싶어요. 아저씨 설명만으로는 상상

알과 애벌레를 지키고 있는 에사키뿔노린재

에사키뿔노린재 짝짓기

에사키뿔노린재

이 잘 안 돼요. 같이 찾아봐요.

새벽들 좋아, 그럼 한번 찾아볼까?

진욱 여기에 큰 노린재가 있어요. 뾰족한 주둥이를 접어서 배 아래쪽에 넣었어요. 무늬도 화려해요.

영서 와, 멋있다! 머리가 독특하게 생겼어요.

알을 지키고 있는 푸토니뿔노린재

푸토니뿔노린재 애벌레

푸토니뿔노린재 짝짓기    푸토니뿔노린재

등불에 날아온 극동왕침노린재

극동왕침노린재 애벌레

극동왕침노린재

검정무늬침노린재 날개가 짧은 형(단시형) · 검정무늬침노린재 날개가 긴 형(장시형)

껍적침노린재 애벌레 · 껍적침노린재 · 민날개침노린재

작고 길쭉해요.

새벽들 침노린재야. 쏘이면 아프니까 조심하고.

진욱 침노린재라면 다른 곤충을 잡아먹는 노린재 아닌가요?

새벽들 그렇지, 대표적인 육식성 노린재야. 저 녀석은 극동왕침노린재고. 평소에는 주둥이를 앞가슴 밑에 접어 넣다가 사냥할 때 쭉 펴서 곤충을 찌르지. 마치 빨대처럼 주둥이로 곤충의 체액을 빨아 먹는 사냥꾼이란다.

영서 주둥이가 침처럼 생겨서 침노린재네요. 다른 침노린재들도 다 육식성인가요?

새벽들 대부분 침노린재들은 육식성이란다. 노린재 가운데 대체로 덩치가 크고 색도 화려해서 눈에 잘 띄지. 우리나라에 40여 종이 사는데 이 녀석들은 앞다리가 잘 발달되었지.

진욱 아하, 다른 곤충들을 잡기 좋게 말이죠?

새벽들 맞아, 진욱이가 제대로 알고 있구나.

배홍무늬침노린재 애벌레

영서 또 어떤 침노린재가 있나요? 빨리 보고 싶어요.

새벽들 그럼 주변을 둘러보면서 찾아보자. 다리에 무늬가 있는 녀석도 있고, 등이 빨간 녀석도 보일 거야. 또 몸이 납작한 녀석도 있고, 아주 덩치가 큰 녀석도 있지. 몸이 온통 검은색인 녀석도 있고, 배 둘레를 붉은색으로 멋지게 장

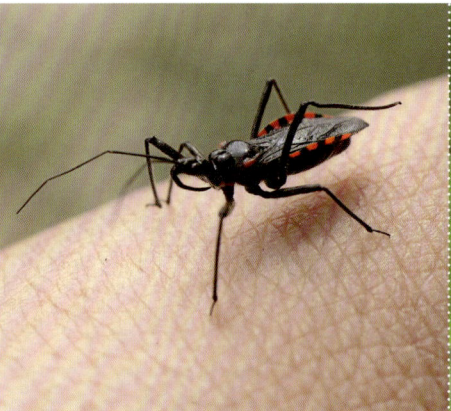

배홍무늬침노린재

붉은등침노린재

식한 녀석도 있단다.

진욱 와, 침노린재가 우리 주변에 이렇게 많다니! 덩치도 크고 화려하네요. 침노린재들은 엄청 멋쟁이예요.

영서 어, 여기 작은 토마토케첩 병 같은 게 붙어 있어요. 누가 붙여 놨을까?

잔침노린재

비율빈침노린재

어리큰침노린재

왕침노린재

우단침노린재 애벌레

우단침노린재

호리납작침노린재

진욱 어, 정말이네. 이게 뭐예요?

새벽들 알이란다.

영서 네? 알이 이렇게 생겼어요? 누가 낳은 건데요?

새벽들 침노린재 중에서 다리에 아주 멋진 무늬가 있는 다리무늬침노린재가 낳은 거지.

진욱 다리무늬침노린재요? 어떻게 생겼어요?

새벽들 주변에서 쉽게 보이는 녀석이니까 한번 찾아보자. 다리에 피아노 건반처럼 까만색과 하얀색이 번갈아 나타나니까 보면 알 거야.

영서 여기 있어요! 애벌레를 잡아먹고 있어요. 어, 그런데 날개가 없네? 노린재 아기네요.

다리무늬침노린재 알

다리무늬침노린재 애벌레

다리무늬침노린재

각다귀침노린재

진욱 애벌레도 사냥꾼이네요.

새벽들 맞아, 그 녀석이 바로 다리무늬침노린재 애벌레야. 애벌레나 어른벌레 모두 사냥꾼이지.

영서 여기도 있어요. 애벌레도 보이고 어른벌레도 보여요. 정말 사냥꾼들이네요. 뭔가를 잡아서 빨아 먹고 있어요.

진욱 여기 이상한 아이가 있어요. 각다귀처럼 생겼는데 다리에 털이 엄청 많아요.

영서 어, 머리가 조금 전에 봤던 침노린재와 비슷해.

새벽들 맞아, 침노린재란다. 각다귀처럼 생겼다고 각다귀침노린재라고 하지.

영서 와, 별별 노린재가 다 있네요.

진욱 그럼 얘도 곤충 사냥꾼이겠네요. 각다귀처럼 생긴 녀석이 곤충을 잡아먹는다는 것이 믿기지 않아요. 참 신기하게 생긴 노린재예요.

새벽들 이 녀석은 산보다 사람들이 사는 동네에서 잘 보인단다. 집 안에서도 보이고 시골집 처마 밑에서도 보이고. 가끔 등불에도 날아오는 녀석이야.

영서 여기 있는 이 아이는 누구죠? 검은색 몸에 등에 노란 점이 두 개 있어요. 주둥이는 무시무시하게 생겼고요.

진욱 아직 어린데요. 날개가 다 안 자랐어요.

새벽들 오, 쐐기노린재구나. 이름처럼 다른 곤

날개가 짧다.

노랑날개쐐기노린재(단시형)

날개가 길다.

노랑날개쐐기노린재(장시형)

노랑날개쐐기노린재의 크기를 짐작할 수 있다.

충을 찔러서 사냥하는 녀석이지. 침노린재와 더불어 노린재 집안의 대표적인 육식성 곤충이야. 노랑날개쐐기노린재라고 한단다. 옆에서 보면 주둥이가 잘 보일 거야. 육식성 노린재답게 주둥이가 무시무시하지? 이 녀석은 다 자란 어른벌레란다. 신기하게 이 녀석들은 다 자란 어른벌레도 날개가 짧은 형태가 있고 긴 형태가 있어. 짧은 날개를 단시형이라 하고 긴 날개를 장시형이라고 하지. 그러니까 이 녀석은 노랑날개쐐기노린재 단시형이야.

영서 같은 노린재인데 날개가 짧은 애가 있고 긴 애도 있다니, 신기해요. 주둥이를 보니까 쏘이면 엄청 아프겠어요.

새벽들 아주 아파. 그러니까 조심해야 해. 우리나라에 사는 쐐기노린재 종류는 20여 종이 알려졌는데 모두 육식성이란다.

진욱 쐐기노린재도 있었다니~. 진짜 주둥이가 무시무시해요.

영서 쐐기노린재는 그렇게 많지 않네요. 또 어떤 쐐기노린재들이 있나요?

새벽들 옳지, 저기 봐라! 저기 등화 천에 쐐기노린재 두 종류가 왔구나. 가서 살펴보자.

* * *

영서 어라, 생각보다 작은데요?

새벽들 아까 우리가 본 노랑날개쐐기노린재는 쐐기노린재 가운데 그나마 큰 편이고, 보통 쐐기노린재들은 크기가 1센티미터 정도란다. 이 녀석은 긴날개쐐기노린재이고 그 옆에 있는 녀석은 노랑긴쐐기노린재야. 긴날개쐐기노린재는 주로 벼나 갈대 같은 벼과 식물에서 많이 보이는데, 아마 그곳에 모이는 곤충을 잡아먹으

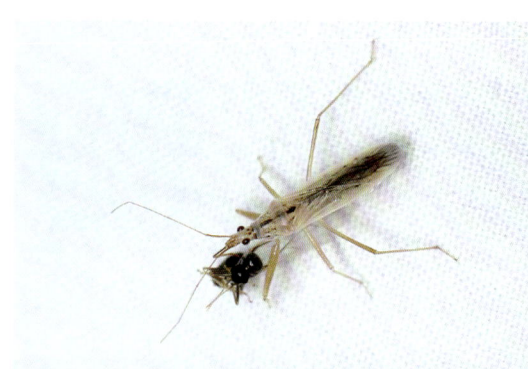
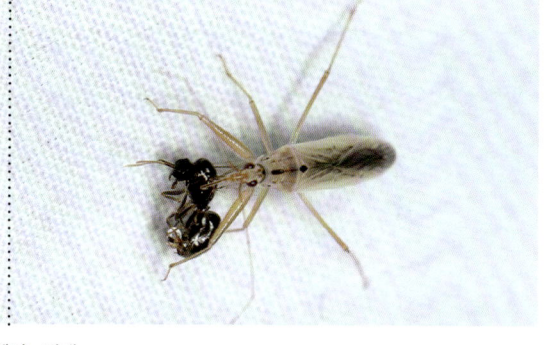

긴날개쐐기노린재

노랑긴쐐기노린재

려는 걸 거야. 그 밖에 우리 주변에서 볼 수 있는 쐐기노린재는 몸에 붉은 무늬가 어른거리는 빨간긴쐐기노린재, 몸에 붉은색과 하얀색이 아름답게 조화를 이루는 알락날개쐐기노린재가 있단다. 그리고 노랑날개쐐기노린재 단시형처럼 날개가 아주 작은 미니날개애쐐기노린재도 종종 보이지. 주로 땅 위를 돌아다니거나 풀잎 위에서 먹이를 기다리지만 가끔 등불에도 모여. 모두 덩치는 작아도 다른 곤충을 잡아먹는 사냥꾼들이란다.

진욱 아저씨, 여기에 노린재 두 마리가 있어요.

미니날개애쐐기노린재

빨간긴쐐기노린재

알락날개쐐기노린재

점무늬가 온몸에 퍼져 있다.
작은주걱참나무노린재

더듬이 첫 번째 마디 바깥쪽이 검은색이다.
점무늬가 날개 양쪽에 치우쳐 있다.
뒤창참나무노린재

모두 초록색이에요.

영서 와, 예쁘다. 초록색에 더듬이도 길고. 둘이 똑같은 아이겠죠?

새벽들 어디 보자. 음, 둘 다 참나무노린재과에 속하는 녀석들이구나. 이쪽에 있는 녀석은 작은주걱참나무노린재이고 그 옆에 있는 녀석은 뒤창참나무노린재란다.

진욱 네? 둘이 달라요? 어디가요?

새벽들 글쎄, 어디가 다를까? 너희가 한번 찾아볼래?

영서 아, 알았다. 더듬이가 좀 달라요. 뒤창참나무노린재는 더듬이 첫 번째 마디 바깥쪽이 검은색이에요.

진욱 또 있어요. 몸에 새겨 있는 점무늬(점각)가 달라요. 작은주걱은 점무늬가 온몸에 퍼져 있는데 뒤창은 날개 양쪽으로 치우쳐 있어요.

새벽들 와, 대단하구나. 정말 놀라워. 하하. 아주 작은 차이점인데 잘 찾았어. 정말 대단한걸? 역시 곤충 박사님들이야.

진욱 둘 다 이름이 참 이상해요. 어디가 주걱이나 창처럼 생긴 거예요?

새벽들 지금 눈으로는 확인할 수 없는데 이 녀석들 수컷 생식기 돌기 모양이 주걱이나 창처럼 보인다고 해서 붙인 이름이지.

참나무노린재과는 10여 종이 알려졌고 모두 식물 즙을 빨아 먹고 사는 초식성이야. 지금은 두 녀석 다 초록색이지만 가을이 되면 신기하게 몸 색깔이 단풍이 든 것처럼 붉게 변한단다. 몸만 그런 게 아니라 다리까지 붉게 변해서 참 신비로워.

영서 와, 그럼 이 아이들은 단풍 드는 노린재네요. 정말 신기하다.

새벽들 그렇네, 단풍 드는 노린재. 하하. 비슷한 종류로 두쌍무늬노린재라는 녀석이 있는데

작은주걱참나무노린재 가을이 되면 초록색 몸이 붉게 변한다.

뒤창참나무노린재 수컷 생식기 돌기가 창처럼 생겼다.   가을에 붉게 변한 뒤창참나무노린재 암컷   뒤창참나무노린재 짝짓기

이름처럼 몸에 검은색 점이 두 쌍 있지. 이 참나무노린재들은 여느 노린재와 달리 독특한 형태로 알을 낳는단다. 젤리 같은 것으로 둘러싼 알을 낳아서 나뭇잎이나 도토리 깍정이(열매를 싸고 있는 술잔 모양의 받침) 같은 데 붙여 놓지. 아저씨도 처음에는 노린재 알인지 상상도 못 했어. 뭘까 궁금해서 그 알을 가져다가 지켜봤는데 참나무노린재 종류의 애벌레가 나와서 깜짝 놀랐지. 애벌레도 어른벌레처럼 납작하게 생겼어.

참나무노린재 종류 알

참나무노린재 종류 애벌레

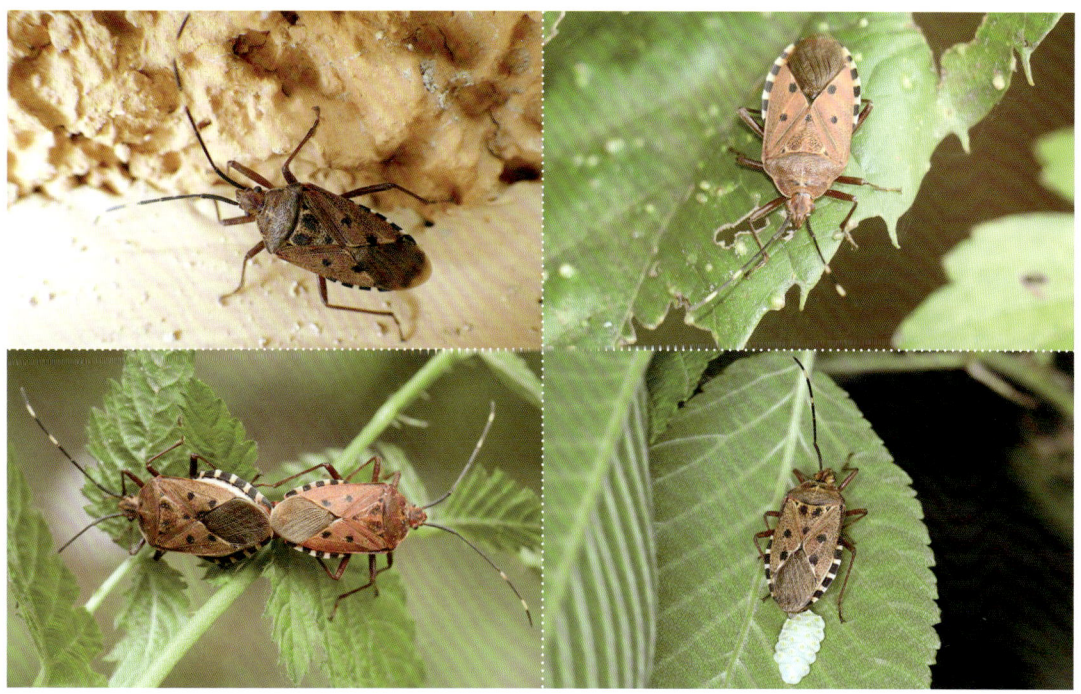

두쌍무늬노린재

광대노린재 짝짓기

광대노린재(일반형)

광대노린재(흑색형)

진욱 아저씨, 여기 광대노린재가 있어요. 짝짓기 중인가 봐요. 색이 멋져요.

영서 어디? 정말이네. 책에서 본 것과 똑같다! 책에서 보고 진짜로 만나고 싶었거든요. 정말 예뻐요.

새벽들 너희가 광대노린재를 아는구나. 노린재 집안에서 손꼽히는 멋쟁이지.

진욱 어, 잠깐만요, 이상해요. 아저씨가 노린재 특징을 설명해 주실 때 노린재는 날개가 가죽날개와 그물날개로 되어 있다고 했는데, 녀석은 날개가 딱정벌레처럼 그냥 딱딱해 보여요.

새벽들 역시 곤충 박사다운 질문인걸? 하하. 노린재의 일반적인 특징이 가죽날개와 그물날개이지만, 모든 노린재가 그런 건 아니야. 광대노린재처럼 날개가 딱정벌레 같은 노린재도 있지. 그래서 그런 녀석들을 한데 모아서 광대노린재과라고 해. 광대노린재과와 날개가 비슷한 노린재로 알노린재과도 있단다. 알노린재들은 아주 작지만 날개가 딱정벌레 날개처럼 생겼지. 노린재 앞가슴 등판에 삼각형의 작은방패판이 있는데 이 두 과의 노린재들은 그 작은방패판이 넓게 발달해서 배 전체를 덮고 있단다.

진욱 광대노린재과는 날개가 다 딱정벌레처럼 생겼나요?

새벽들 그래. 큰광대노린재도 그렇고 방패광대노린재도 그렇지. 또 도토리노린재라는 녀석이 있는데 광대노린재처럼 색과 무늬가 화려하지 않아 '광대'라는 말을 붙이기는 좀 그렇지만 날개 모양이 여느 광대노린재처럼 생겨서 광대노린재과에 속하지.

영서 어, 얘도 광대노린재와 비슷하게 생겼는데 색깔이 완전 달라요. 빛나지도 않고요.

새벽들 그 녀석도 광대노린재란다. 광대노린재도 체색 변이가 많은 종으로 유명하지.

영서 와, 얘도 광대노린재라는 게 신기해요.

새벽들 사실 화려한 광대노린재도 어렸을 때는 검은색과 하얀색만 섞인 단순한 무늬란다. 애벌레만 봐서는 광채가 나는 어른벌레를 상상하기 힘들어. 그리고 어른벌레가 되기 위해 마지막 허물을 벗은 직후에는 색깔이 제대로 나오지 않아 몸 전체가 주황색이지. 다른 노린재들도 허물을 벗은 직후에는 다 마찬가지야.

영서 아주 변신을 많이 하는 노린재네요. 광대노린재가 아니라 변신노린재예요, 헤헤.

진욱 큰광대노린재는 어떻게 생겼어요?

광대노린재가 막 어른벌레가 되는 탈피를 하고 있다.

새벽들 언뜻 보면 광대노린재와 비슷하게 생겼지만 한번 보고 나면 그 차이를 확실하게 알 수 있단다. 큰광대노린재도 아주 아름다워. 이 녀석의 애벌레는 여러 나무의 즙을 먹지만 주로 회양목에서 많이 보인단다. 애벌레도 한번 보고 나면 너무 아름다워 자꾸 보고 싶어질 거야. 방패광대노린재는 예덕나무라는 식물을 먹기 때문에 그 나무를 찾아야 볼 수 있지.

영서 방패광대노린재는 편식쟁이네요. 어떻게 생겼어요?

새벽들 그 녀석도 한번 보면 또 보고 싶을 만큼 아름답지.

진욱 알노린재라고 하셨어요? 아까 광대노린재와 날개가 비슷한 애요.

새벽들 그래, 알노린재. 녀석들은 이름처럼 콩알처럼 생겼단다. 광택이 나는 검은색이 많고 비슷비슷해서 세심하게 관찰하지 않으면 그냥 다 같아 보여. 하지만 몇 가지 차이점만 알면 대체로 쉽게 이름을 불러 줄 수 있단다. 칡 같은 콩과 식물에서 잘 보이지. 식물 즙을 빨아 먹고 사는 초식성으로 크기도 작고 생김새도 독특해서, 사람들에게 녀석들이 노린재라고 알려 주면 다들 깜짝 놀란단다. 그 녀석들도 광대노린재처럼 날개가 작은방패판이 배 전체를 덮고 있어서 딱정벌레처럼 생겼지.

광대노린재 애벌레

큰광대노린재 애벌레

큰광대노린재 알

큰광대노린재

예덕나무에 있는 방패광대노린재

광대노린재과인 도토리노린재

우리 주변에서 볼 수 있는 알노린재들

희미무늬알노린재

몸 둘레에 노란색 줄무늬가 있다.

노랑무늬알노린재

작은방패판 위에 가로줄 두 개와 그 사이에 연노랑 무늬가 두 개 있다.

눈박이알노린재

여느 알노린재와 색이 달라서 쉽게 구별된다.

무당알노린재

몸에 점각이 많으며 연노랑 무늬가 다른 알노린재보다 아주 작다.

희미무늬알노린재

톱날노린재

영서 어, 여기 신기하게 생긴 노린재가 있어요. 배가 톱니 모양이에요.

진욱 정말이네. 완전 톱니바퀴네?

새벽들 톱날노린재란다. 우리나라에는 톱날노린재과에 이 녀석 한 종뿐이야. 수박이나 참외 같은 박과 식물의 즙을 빨아 먹고 산다고 해. 워낙 독특하게 생긴 녀석이라 이름만 들어도 금방 떠올릴 수 있지.

영서 진짜 신기한 노린재도 다 있어요. 톱날노린재가 있을 거라고는 상상도 못 했어요.

진욱 저기도 노린재가 있어요. 버섯벌레 옆에요.

영서 얼마 전에 봤던 왕버섯벌레네? 그 밑에 있는 아이는 어떤 노린재예요?

새벽들 넓적노린재과의 검정넓적노린재란다. 저 녀석은 주로 나무껍질 밑에 살면서 버섯 같

검정넓적노린재

48

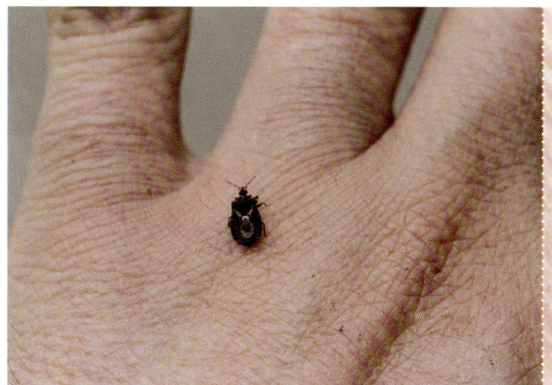 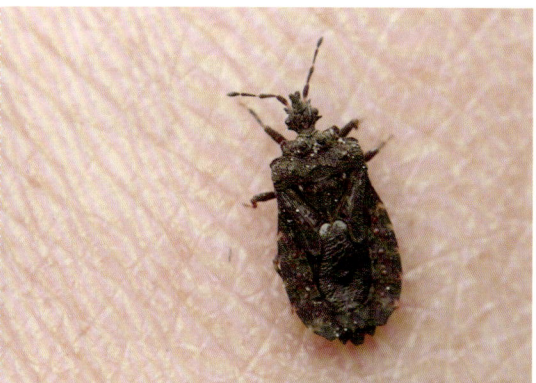

산넓적노린재

은 걸 먹는다고 알려졌지. 크기가 5밀리미터밖에 안 돼서 잘 안 보이는데 용케 잘 찾았어. 비슷한 녀석으로 산넓적노린재가 있는데 녀석도 엄청 작아. 손가락에 올려놓으면 점처럼 보일 정도지. 아직 생태가 많이 알려지지 않은 노린재란다. 장님노린재들처럼 넓적노린재들도 홑눈이 없다고 해.

영서 저기 칡 줄기 위에 노린재가 한 마리 있어요. 배가 넓적하게 생겼어요.

새벽들 어디 보자. 허리노린재에 속하는 넓적배허리노린재구나.

진욱 허리노린재요?

새벽들 응, 허리노린재. 우리나라에 16종가량 산다고 알려졌는데 그 무리에 속한 녀석들의

더듬이 첫 번째 마디는 위아래가 비슷한 굵기다.
두점배허리노린재와의 차이점이다.

넓적배허리노린재

49

넓적배허리노린재 애벌레

넓적배허리노린재 짝짓기

특징이 보통 허리 부분이 잘록하거나 길다는 거야. 그래서 허리노린재라는 이름을 붙였지. 저 녀석은 배가 넓적한 허리노린재라 넓적배허리노린재라고 한단다.

영서 허리노린재는 좋겠어요. 허리가 날씬해서, 헤헤.

날개에 두 점이 선명하게 보인다.
넓적배허리노린재도 이 점이 있는 경우도 있다.

더듬이 첫 번째 마디가
위로 갈수록 넓어진다.
넓적배허리노린재와의 차이점이다.

두점배허리노린재

새벽들 하하, 저 녀석은 주로 콩과 식물의 즙을 먹고 산다고 해. 비슷한 녀석으로 두점배허리노린재가 있는데 날개에 선명한 점이 두 개 있단다. 가끔 넓적배허리노린재도 점이 있는 녀석이 보여 혼동되는데 그때는 더듬이 첫 번째 마디를 살피면 돼. 위아래 굵기가 비슷하면 넓적배허리노린재이고 위로 갈수록 넓으면 두점배허리노린재이지.

진욱 와, 복잡해요. 더듬이 전체도 아니고 첫 번째 마디를 봐야 하다니, 으~.

새벽들 그냥 그런 차이점이 있다는 것만 알아두렴, 하하.

영서 여기 이 아이는 뿔이 있어요. 얘는 뿔노린재인가 봐요.

진욱 어, 몸이 날씬하고 좀 긴데?

새벽들 우리가시허리노린재란다. 허리노린재 과지. 영서 말대로 앞가슴 등판에 뿔처럼 생긴 돌기가 있어 뿔노린재와 비슷하게 생겼지만 몸

우리가시허리노린재

우리가시허리노린재 알과 알껍질

이 날씬하고 좀 길지. 한마디로 뿔이 있는 허리노린재야. 이 녀석은 초식성 노린재인데 주로 여름에 많이 보이고 구슬 모양으로 아주 아름다운 알을 낳는단다.

진욱 여기 애도 우리가시허리노린재죠?

새벽들 어디? 음, 그 녀석은 시골가시허리노린재라고 해.

영서 네? 어디가 달라요? 제가 보기엔 똑같은데요.

우리가시허리노린재 애벌레

돌기 방향이 옆을 향한다.

시골가시허리노린재 | 시골가시허리노린재 애벌레

새벽들 거의 똑같이 생겨서 구별하기 힘들지만, 앞가슴 등판에 있는 돌기 끝이 조금 앞쪽으로 향하면 우리가시허리노린재이고, 옆으로 나란히 향하고 있으면 시골가시허리노린재란다. 아주 비슷하게 생겼지만 둘은 종이 달라. 어른벌레는 비슷해서 혼동하기 쉬워도 애벌레는 색이 달라서 그나마 구별이 돼. 하지만 이런 특징이 잘 나타나지 않는 애벌레도 있어서 완전히 확신하긴 힘들지. 보통 우리가시허리노린재는 연한 갈색이고 시골가시허리노린재는 연한 연두색을 띤다고 해. 생김새는 거의 비슷하고.

진욱 허리노린재들은 아주 자세하게 관찰해야겠어요. 더듬이도 봐야 하고 돌기의 방향도 봐야 하고…….

영서 여기 노린재가 한 마리 있어요. 다리에 넓적한 걸 붙이고 다니는데요?

진욱 정말? 신기하네. 털도 많고 뒷다리가 이상하게 생겼어.

새벽들 그 녀석도 허리노린재에 속하는 소나무허리노린재야. 우리나라 노린재가 아니라 외국에서 왔지. 북아메리카가 고향으로 1990년부터 세계 여러 나라로 퍼져 나갔다고 하더라. 우리나라에는 2010년 창원에서 처음 발견된 이후로 여러 지방에서 보이기 시작했지.

영서 신기한 노린재도 있네요. 참 멀리서도 왔구나. 반갑다, 헤헤.

새벽들 녀석은 소나무 종류의 열매즙을 빨아먹고 산다고 해. 너희가 본 대로 몸에 털이 많고 뒷다리 종아리마디가 나뭇잎처럼 부푼 참 독특한 녀석이지. 우리나라에 알려진 지 얼마 되지 않아서 사람들이 잘 모르지만 생각보다 많은 곳에서 보인단다. 겨울을 나려고 사람들이 사는 집 안으로 들어오거나 생태공원 사무실 같은 곳으로 모여들기도 하지. 앞으로 많은

뒷다리 종아리마디가
나뭇잎처럼 부풀어 있다.

소나무허리노린재

연구가 필요한 녀석이야.

진욱 허리노린재도 종류가 참 많네요. 또 어떤 애들이 있나요?

새벽들 떼로 모여 다니는 떼허리노린재도 있고, 덩치가 큰 큰허리노린재나 장수허리노린재도 있지. 또 고추나 꽈리 같은 작물에 사는 꽈리허리노린재, 화살나무 같은 데서 보이는 노랑배허리노린재도 있지.

영서 그럼, 우리 더 찾아봐요. 다른 허리노린재도 직접 보고 싶어요.

진욱 여기 개미가 있어요. 역시 개미답게 허리가 잘록하네요.

영서 개미치곤 좀 큰데? 처음 보는 개미야. 두 마리가 같이 있으니까 귀엽다.

새벽들 오호, 그 녀석들두 노린재란다. 허리노린재보다 더 허리가 날씬한 호리허리노린재과에 속하는 톱다리개미허리노린재지. 이 호리허리노린재과에 속한 노린재들은 머리 폭과 앞가슴 등판 폭이 비슷해서 허리노린재와 구별된단다.

영서 톱다리 뭐요? 이름이 왜 그렇게 길죠?

새벽들 개미를 닮았고 다리에 난 가시가 톱처럼 보여 붙인 이름이라서 그래.

꽈리허리노린재 알

꽈리허리노린재

노랑배허리노린재 애벌레   노랑배허리노린재

떼허리노린재

장수허리노린재 애벌레

장수허리노린재

큰허리노린재 애벌레

큰허리노린재

톱다리개미허리노린재 애벌레

낮에도 잘 보이는데 날아다니는 모습이 벌처럼 보여 사람들이 깜짝 놀라기도 해. 주로 콩과 식물의 즙을 먹고 산다고 알려졌어.

영서 와, 이름이 열 글자나 되네요. 허리도 길고 이름도 길고……. 그냥 길고 긴 노린재네요.

새벽들 벌써 많은 노린재들을 봤구나. 좀 쉬었다 다시 관찰하자. 너희, 힘들지 않니?

진욱 아직은 괜찮아요, 헤헤.

영서 우리 간식 먹어요. 간식 먹고 다시 노린재 관찰해요. 노린재 보는 게 신나요, 헤헤.

막 허물을 벗은 톱다리개미허리노린재

톱다리개미허리노린재

진욱 노린재들은 허물을 벗을 때 색깔이 참 신기해요. 안갖춘탈바꿈을 하는 곤충이라 그런지 애벌레와 어른벌레도 비슷하고요. 알에서 어른벌레까지 한살이 과정을 다 보면 좋을 텐데…… 키우지 않고도 볼 수 있나요?

새벽들 쉽게 보이는 노린재들이 많아서 조금만 관심을 기울이면 한살이 과정을 볼 수 있지. 알, 애벌레, 어른벌레 과정뿐만 아니라 운이 좋으면 막 허물을 벗는 모습도 볼 수 있단다.

진욱 쉽게 볼 수 있는 노린재는 어떤 애죠?

새벽들 노린재과에 속하는 썩덩나무노린재가 쉽게 볼 수 있지.

진욱 노린재과요?

새벽들 응. 우린 지금까지 장님노린재과나 뿔노린재과, 알노린재과, 침노린재과, 쐐기노린재과 등을 봤지? 썩덩나무노린재는 노린재 무리의 기본종이라 할 수 있는 노린재과란다. 이 과의 특징은 등에 삼각형의 작은방패판이 눈에

썩덩나무노린재 짝짓기

썩덩나무노린재 알

썩덩나무노린재 알과 애벌레

썩덩나무노린재 애벌레

썩덩나무노린재

등화 천에 날아온 썩덩나무노린재

막 허물을 벗어 어른벌레가 된 썩덩나무노린재

허물벗기에 실패한 썩덩나무노린재

새벽들 뭐가 있을까? 음……. 아하, 땅노린재과가 있구나. 이 녀석들도 자주 보이는데 주로 땅을 파거나 돌아다니면서 살지. 밤 곤충을 관찰할 때마다 보이는 녀석이란다. 물론 낮에도 잘 보이고. 식물 즙을 빨아 먹고 산다는데, 땅을 잘 파서 식물 뿌리에까지 영향을 준다더라. 이 녀석들은 앞다리와 가운뎃다리가 땅을 파기에 알맞게 생겼어.

진욱 땅노린재과도 있었군요. 어떻게 생겼나요?

새벽들 검은색 광택이 나는 게 많아. 같은 땅노린재과라도 크기가 제각각이야. 가끔 검은색이 아닌 적갈색을 띤 녀석도 보이는데 그 녀석은 북쪽애땅노린재라고 하지. 몸에 점이 많고 여느 땅노린재보다 덩치가 큰 장수땅노린재도 있어.

띄게 크다는 거야. 우리나라에 70여 종이 사는데 크기가 크고 무늬도 화려하지. 또 개성이 강한 노린재가 많아서 쉽게 볼 수 있어.

영서 우리가 보지 못한 노린재과에는 또 뭐가 있어요? 주변에 잘 보이는 노린재 중에서요.

땅노린재과에 속하는 노린재

땅노린재

크기가 크고 앞가슴 등판과 작은방패판에 점각이 많다.

장수땅노린재

북쪽애땅노린재

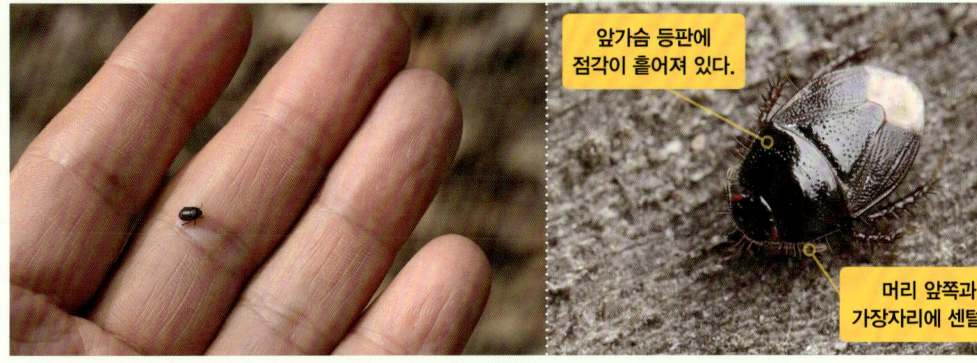

앞가슴 등판에 점각이 흩어져 있다.

머리 앞쪽과 가슴 가장자리에 센털이 있다.

극동꼬마땅노린재 여느 땅노린재보다 크기가 아주 작다.

왕노린재 앞가슴 등판의 양쪽 돌기가 크고 넓게 튀어나왔다.

영서 와, 여기에 엄청 멋진 노린재가 있어요! 색깔도 멋있고 돌기도 있어요.

진욱 와, 완전 장군처럼 생겼네.

새벽들 노린재과에 속하는 왕노린재란다. 노린재의 왕이라 불릴 만하지. 색깔이 아주 화려하고 멋지지?

영서 얘도 왕노린재예요? 비슷하게 생긴 아이가 있어요.

새벽들 어디 보자. 그 녀석은 대왕노린재란다. 왕노린재보다 앞가슴 등판의 돌기가 더 크게 튀어나왔고 위쪽으로도 활처럼 휘었단다. 아주 당당한 노린재이지.

영서 노린재 나라의 왕과 대왕이네요. 설마 여왕이나 왕자, 공주 노린재는 없겠죠?

새벽들 그런 이름의 노린재는 없지만 대장노린재는 있지. 몸이 얼룩덜룩해서 꼭 군복을 입은 멋진 대장처럼 보인단다. 덩치도 크고 노린재과의 대장이야. 얼룩대장노린재라고도 하지.

진욱 노린재과에도 재미있는 이름이 많아요. 간식도 다 먹었으니 이제부터 본격적으로 노린재과 노린재를 찾아다녀 봐요.

영서 네, 그래요. 왠지 노린재과에 속하는 애들은 덩치가 크고 무늬도 독특할 것 같아요. 기대돼요.

진욱 여기에 노린재 세 마리가 모여 있어요. 갈색인데 앞가슴이 옆으로 뿔처럼 튀어나왔어요. 생김새가 독특해요.

영서 여기도 비슷한 아이가 있어. 어, 얘는 가슴이 더 뾰족해. 색이나 크기는 비슷한데, 같은 아이죠?

새벽들 둘 다 노린재과에 속하는 가시노린재란다. 앞가슴 등판에 돌기가 가시처럼 튀어나와서 그런 이름을 붙였지.

왕노린재보다 앞가슴 등판의 양쪽 돌기가
더 튀어나왔고 위쪽으로 휘었다.

대왕노린재

얼룩대장노린재의 크기를 짐작할 수 있다.　　　　　얼룩대장노린재　　　　　등화 천에 날아온 얼룩대장노린재

가시노린재 애벌레

가시노린재

가시노린재보다 앞가슴 등판 돌기가
가시처럼 날카롭다.

참가시노린재

가만, 영서가 말한 녀석은 좀 다른데? 돌기가 더 뾰족한 것 같아. 그 녀석은 참가시노린재야. 둘 다 식물 즙을 먹고 사는 초식성 노린재지. 정말 둘이 비슷하게 생겼구나.

영서 정말이네요. 돌기가 가시처럼 더 뾰족한 것만 빼면 둘이 완전 쌍둥인데요? 노린재 이름을 제대로 불러 주려면 아주 작은 부분도 세심하게 관찰해야겠어요. 이제부턴 눈을 더 크게 뜨고 찾아봐야지.

진욱 여기도 앞가슴 등판 돌기가 가시같이 생긴 아이가 있어요. 크기는 훨씬 작아요.

영서 등에 점도 두 개나 있고요.

새벽들 그 녀석은 가시점둥글노린재라고 해. 노린재과인데 주로 벼과 식물의 즙을 빨아 먹고 살지. 어른벌레로 겨울을 나기 때문에 봄부터 볼 수 있고 일 년에 두 번 보이는 녀석이야. 작지만 가시처럼 날카로운 돌기가 있어 아주 당당하게 보이는구나.

참가시노린재 애벌레

영서 동글동글한 게 가시처럼 보이는 돌기와 점까지 있으니까 더 귀여운데요. 가시점둥글노린재! 꼭 기억해야지.

진욱 여기에도 앞가슴 등판에 돌기가 있는 아이가 있어요. 두 마리인데 같은 노린재예요?

새벽들 어디? 그 녀석들은 먹노린재로 역시 노린재과에 속하지. 먹노린재에 관한 자료가 많지 않아서 확실하게 구별하긴 힘들지만 조금

가시점둥글노린재

점박이둥글노린재 가시점둥글노린재와 생김새가 비슷하다.

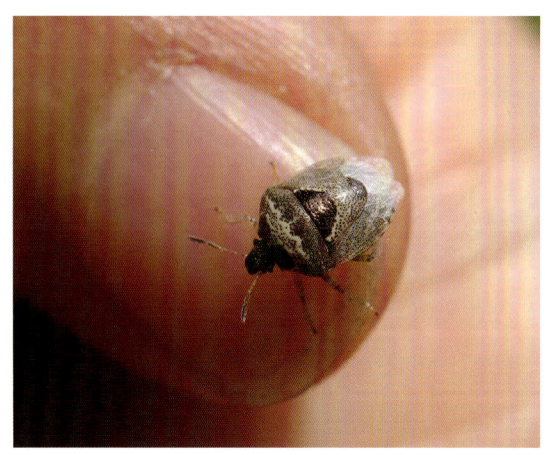

둥글노린재   배둥글노린재

갈색큰먹노린재

꼬마먹노린재

큰 녀석은 갈색큰먹노린재, 풀잎에 붙어 있는 녀석은 꼬마먹노린재로 보이는구나. 먹노린재는 낙엽 밑이나 마른 잡초더미 같은 데서 어른벌레로 겨울을 나는데 앞가슴 등판에 가시 같은 돌기가 있는 게 특징이지.

영서 돌기가 있어서 뿔노린재과처럼 보이는데 노린재과라니, 신기해요. 노린재는 참 많기도 하고 알면 알수록 점점 어려워져요. 그래도 이렇게 많은 노린재를 보니까 좋아요.

진욱 여기 이 아이는 색깔이 참 독특해요. 초록색과 갈색이 절묘하게 나뉘어 있네요. 요기 나방하고 같이 있는 애요. 이 나방은 어디서 봤는데…….

영서 저기 좀 큰 애는 푸른자나방 아닌가요?

새벽들 나방은 무늬독나방과 푸른자나방이구나. 노린재는 갈색날개노린재이고. 날개가 갈색이라 붙인 이름이지. 노린재과로 낙엽 밑이나 풀뿌리 같은 데서 어른벌레로 겨울을 나는

녀석이야. 우리 주변에서 제법 쉽게 볼 수 있단다. 한 가지 신기한 것은 봄에 보는 녀석과 가을에 보는 녀석의 색이 좀 달라. 봄에는 몸 색깔이 전체적으로 갈색이라 날개만 갈색으로 보이지 않지. 봄에 본 사람에게 갈색날개노린재라고 이름을 알려주면 고개를 갸우뚱해. 시간이 지나면서 몸 색깔이 초록색으로 바뀌지만 날개는 그대로 갈색으로 남아 있어. 내 생각엔 이 녀석 이름은 아무래도 가을에 지은 것 같아. 이 녀석은 알도 아주 예쁘게 낳는데 꽃잎에 붙어 있는 알을 보면 보석처럼 아름답단다.

영서 여기도 예쁜 노린재가 있어요. 배에 하트처럼 생긴 하얀색 무늬가 있고요.

진욱 여기도요. 흐려서 잘 안 보이지만 앞가슴에 하얀색 점이 네 개 있어요.

새벽들 어디? 오, 영서가 본 녀석은 깜보라노린재야. 낮에 보면 검은색과 보라색이 아주 멋지게 조화를 이루는 녀석이지. 진욱이가 본 녀

갈색날개노린재

갈색날개노린재 알

갈색날개노린재 애벌레

봄에 본 갈색날개노린재

깜보라노린재

깜보라노린재 애벌레

석은 앞가슴에 하얀 점이 네 개 있어서 네점박이노린재라고 하지. 신기한 것은 이 녀석은 알을 낳을 때도 꼭 네 개씩 줄을 맞춰 낳는단다. 이 녀석이 낳은 알을 보면 금방 이름을 부를 수가 있지. 전체적으로 마름모꼴인데 가로 세로 네 개씩 16개를 가지런히 낳지. 저기 메추리노린재도 보이는구나. 그리고 무시바노린재와 다리무늬두휜점노린재도 보이네. 모두가 노린재과의 곤충이야. 밤에도 노린재가 많이 보이지?

진욱 여기 초록색 노린재가 있어요. 여러 마리가 함께 있는데 비슷하기도 하고…… 조금 다르게 보이기도 해요.

영서 여기도 짝짓기하는 노린재가 있어요. 등이 반짝반짝 빛나는 게 아주 예뻐요.

새벽들 북방풀노린재란다. 그 옆에 있는 녀석은 풀색노린재인데 무늬가 조금 다를 거야.

앞가슴에 점이 네 개 있다.
네점박이노린재

네점박이노린재 애벌레

네점박이노린재 알

67

메추리노린재

다리무늬두흰점노린재

무시바노린재

북방풀노린재

북방풀노린재 애벌레

풀색노린재

풀색노린재 애벌레

북쪽비단노린재 　　　　　　　　　　　　　　　　　　　　　북쪽비단노린재 애벌레

북쪽비단노린재보다
배 무늬가 더 복잡하다.

홍비단노린재

그리고 영서가 본 녀석은 북쪽비단노린재이지. 영서 말대로 반짝반짝 빛나는 비단처럼 보이는구나. 어, 그 옆에 있는 녀석 좀 봐. 그 녀석은 홍비단노린재인데 북쪽비단노린재와 크기와 생김새가 비슷해서 같은 노린재처럼 보이지만 배 무늬가 조금 달라. 약간 더 무늬가 복잡한 녀석이 홍비단노린재지.

영서 여기에 멋진 초록색 노린재가 있어요. 정말 멋있어요. 이쪽으로 와 보세요~.

새벽들 오, 정말 멋진 노린재구나. 가만있어 봐. 아저씨가 손가락에 올려놔 볼게. 와, 금빛이 나는 초록색이구나. 분홍다리노린재라고 하지. 다리에 붉은빛이 돌아서 붙인 이름이야. 어른벌레로 겨울을 나고, 주로 느릅나무나 단풍나무, 자작나무 같은 나무의 수액을 빨아 먹는다고 해. 앞가슴 옆에 뿔 같은 돌기가 있어서 종종 뿔노린재와 혼동되기도 해. 이 녀석도 노린재과야.

분홍다리노린재

70

청동노린재

제주노린재

진욱 노린재과만 해도 엄청 노린재가 다양하네요. 걔는 색도 멋지고 크기도 큰걸요. 비슷한 노린재가 또 있나요?

새벽들 분홍다리노린재처럼 색이 멋진 제주노린재, 또 청동색이 멋진 청동노린재도 있지만 개체 수가 적어서 쉽게 보이지는 않아. 또 밤에 자주 보이는 장흙노린재라는 녀석도 있고.

영서 제주노린재가 왜 여기 있어요? 또 장흙은 뭐예요?

새벽들 처음 발견된 곳이 제주도라 붙인 이름이지만 전국적으로 사는 노린재지. 장흙은 논두렁 같은 곳에 붉은빛이 도는 흙인데 노린재 색이 그 흙과 닮아서 붙인 이름이란다. 분홍다리노린재처럼 큰 편에 속하지. 장흙노린재는 열점박이노린재와 크기나 생김새가 비슷하지만 점이 없어서 구별할 수 있지. 점무늬가 열 개인 열점박이노린재도 아주 멋지고 당당한 노린재야.

장흙노린재

장흙노린재 애벌레

열점박이노린재

열점박이노린재 애벌레

막 어른벌레가 된 열점박이노린재

진욱 와, 정말 노린재가 많아요. 세상에, 노린재가 이렇게 많은 줄 몰랐어요.

새벽들 아직도 새로운 종이 계속 밝혀지고 있으니까 아마 더 많은 노린재 이름이 알려질 거야.

영서 으~, 오늘 본 것도 정신이 없는데……. 그래도 노린재를 많이 보고 몰랐던 사실들을 알게 돼서 좋아요. 노린재가 그냥 냄새만 나는 곤충인 줄 알았는데 색깔도 아름답고 또 아기나 알을 돌보는 노린재도 있고, 콩알처럼 생긴 애, 넓적한 애, 뽀족한 애 등등 생김새도 정말 여러 가지잖아요. 멋진 애들도 많고 귀여운 애들도 많고요.

새벽들 오늘은 영서가 노린재에 푹 빠졌구나, 하하.

진욱 또 어떤 노린재가 있나 궁금해요.

새벽들 스코트노린재나 이시하라노린재 같은 이름이 독특한 녀석들 있고, 알락수염노린재 같이 주변에서 자주 보이는 녀석도 있고……

애기노린재도 있고…… 아하, 주둥이가 들어가는 노린재도 있구나. 특히 왕주둥이노린재는 조금 전에 본 분홍다리노린재처럼 청동색 몸 색깔이 무척 아름답단다. 모두들 노린재과지.

영서 주둥이요? 왜 그런 이름이 붙었어요?

새벽들 주둥이노린재들은 육식을 하는 녀석들인데 주둥이가 굵은 침처럼 생겼거든. 그래서 붙인 이름일 거야. 홍다리주둥이노린재, 남색주둥이노린재, 그리고 갈색주둥이노린재와 주

스코트노린재

이시하라노린재

알락수염노린재 애벌레

알락수염노린재

애기노린재

둥이노린재도 있지. 비슷하게 생겨서 세심하게 관찰해야 한단다.

아 참, 숲에서 자주 보이는 중국갈색주둥이노린재도 있는데 요즘 이 녀석을 우리갈색주둥이노린재라고 불러야 한다는 이야기가 있어. 중국갈색주둥이노린재라고 알려진 녀석들이 사실은 우리갈색주둥이노린재라는 거야. 아저씨가 직접 확인해 보지 않아서 뭐라 대답해 줄 순 없지만,

왕주둥이노린재

왕주둥이노린재 애벌레

홍다리주둥이노린재 　　　　　　　　　　　　　주둥이노린재

남색주둥이노린재 애벌레 　　　　　남색주둥이노린재

갈색주둥이노린재 　　　　우리갈색주둥이노린재 중국갈색주둥이노린재로 알려졌으나
　　　　　　　　　　　　최근에 우리갈색주둥이노린재로 밝혀졌다.

신비한 노린재 무리의 알

그냥 그런 이야기도 있구나 하고 알아두렴. 이 녀석들도 모두 노린재과에 속한단다.

진욱 와, 신기한 노린재가 많네요. 이름도 그렇고 생김새도 그렇고. 여태까지 노린재를 관심 있게 보지 않았는데, 완전 새로운 곤충 세계예요. 정말 너무 멋진 노린재들이 많아요.

영서 왕주둥이노린재가 특히 멋져요. 그 아이들도 육식성이라고 했죠? 그럼 침노린재처럼 곤충을 가리지 않고 다 먹나요?

새벽들 침노린재들은 가리지 않고 다 먹는 것 같은데 이 주둥이노린재들은 주로 나비나 나방 애벌레를 사냥해서 즙을 빨아 먹는다고 해. 신기한 녀석들이지. 같은 육식성이라도 좋아하는 먹이가 다르거든. 자, 오늘은 이만 정리할까? 내일 집에 가려면 준비도 해야 하고. 아쉽지만 오늘은 여기서 마무리하자.

진욱 네, 다음 주에도 밤 곤충 탐사 가실 거죠?

영서 저희가 가서 도와 드릴게요. 저희와 같이 다니시니까 든든하죠?

새벽들 그럼~. 엄청 든든하지, 하하하.

곤충 사냥꾼 사마귀!

알집에서 나온 넓적배사마귀

새벽들 어서들 와라. 오랜만에 보니까 반갑구나, 하하.

영서 저희도 그래요, 헤헤.

진욱 오늘은 어디로 갈 건가요?

새벽들 먼저 텃밭 주변과 산 입구에 있는 풀밭으로 가 보기로 하자. 등화도 두 군데다 설치해 놨단다. 자, 슬슬 가 볼까?

진욱 아저씨, 아까 오다가 보니까 저쪽에 사마

등화 관찰

이 부분이 노란색이다.
왕사마귀

이 부분이 주황색이다.
사마귀

귀들이 좀 보이던데, 우리 그쪽으로 먼저 가 보면 안 돼요?

새벽들 그래? 안 그래도 오늘 사마귀들을 좀 관찰하고 싶었는데, 잘됐다. 자, 그쪽으로 가 보자.

영서 야호, 신난다. 출발!

진욱 저기 보세요, 사마귀가 있어요. 왕사마귀 같아요.

영서 왕사마귀와 사마귀가 달라? 어떻게 다른데?

진욱 그냥 짐작으로 덩치가 좀 크면 왕사마귀라고 했는데, 사실 나도 그게 궁금했어. 둘은 어떻게 구별해요?

새벽들 간단한 방법이 있지. 앞다리 사이를 보면 사마귀는 주황색이고 왕사마귀는 노란색이거든.

진욱 아하, 그렇게 구별하는구나. 방법이 아주 간단하네요, 헤헤.

영서 또 다른 사마귀도 있나요?

새벽들 우리가 주변에서 쉽게 볼 수 있는 녀석으로는 좀사마귀가 있지. 주로 남쪽에 많이 사는 넓적배사마귀도 있고.

진욱 넓적배사마귀는 남쪽에만 사나요?

새벽들 얼마 전까진 그랬는데 요즘은 기후변화의 영향인지 중부지방에서도 가끔 보인단다.

영서 어, 저기 보세요. 사마귀가 뭔가 잡아먹고 있어요.

진욱 앞다리 사이가 노란색인 걸 보니 왕사마귀네.

새벽들 왕사마귀가 노린재를 사냥했구나. 저 무시무시한 다리에 걸리면 꼼짝 못 하지. 사마귀 다리에 나 있는 톱날 같은 가시돌기가 꽤 훌륭한 사냥 도구이거든. 저 다리에 걸리면 아무리 힘센 곤충이라도 쉽게 빠져나가지 못해.

영서 여기도 사마귀가 있어요. 어, 눈이 까맣게

노린재를 먹고 있는 왕사마귀

검게 변한 왕사마귀의 눈

변했어요. 우와, 고양이 눈 같아요.

새벽들 진짜 그렇네. 저렇게 있으니까 무시무시한 밤의 제왕 같은걸? 멋진 사냥꾼이야.

진욱 여기 보세요. 사마귀가 거미줄에 걸렸어요. 무당거미 그물 같은데……. 어, 사마귀가 빠져나왔어요.

거미그물에 걸린 왕사마귀

배를 다친 왕사마귀에게 가까이 다가가자
뒷날개를 펴고 위협하고 있다.

한테 밟혔는지 배를 다친 암컷이 길에 있어서 사진을 찍으려고 다가갔더니 녀석이 날개를 활짝 펴고 앞다리를 들면서 위협하더구나. 순간 멈칫했지. 아주 위협적인 모습이었거든. 그때

낮에 본 왕사마귀의 눈

왕사마귀 다리

새벽들 사마귀가 힘이 세니까 거미그물에 걸려도 잘 빠져나가는구나.

영서 와, 신기해요. 완전 다큐멘터리예요. 전 사마귀 뒷날개는 처음 봐요. 저렇게 생겼구나.

새벽들 사마귀의 앞날개는 몸 색깔과 같은 초록색이나 갈색이지만 뒷날개는 부드러운 잠자리 날개처럼 생겼지. 아저씨도 얼마 전에 왕사마귀가 뒷날개를 펼친 모습을 보았단다. 누구

왕사마귀 허물

왕사마귀 알집

양쪽으로 깊은 홈이 파여 있고 알집 아래쪽이 약간 각져 있다(좀사마귀 알집과 다른 점이다).

사마귀 알집

뒷날개를 자세히 보았어.

진욱 아저씨, 여기 허물이 있어요. 혹시 사마귀 허물인가요?

새벽들 그래, 사마귀 허물이야. 사마귀는 안갖춘탈바꿈을 하는 곤충이라 번데기 시기 없이 허물을 벗으면서 성장한단다. 너희 혹시 사마귀 알집 본 적 있니?

진욱 그럼요, 스펀지처럼 생겼잖아요? 만져 보니까 푸석푸석하던데요.

영서 왕사마귀와 사마귀 알집이 다르게 생겼어요? 둘을 어떻게 구별하는지 알고 나니까 갑자기 알집도 궁금해졌어요. 알집만 보고 사마귀인지 왕사마귀인지 알 수 있나요?

새벽들 당연하지. 왕사마귀 알집은 모양이 동그랗고 사마귀 알집은 약간 길쭉하단다. 또 사마귀 알집은 세로로 홈이 깊게 파여 있고 아랫부분이 약간 각이 져 있지. 이 점이 모양이 비슷한 좀사마귀 알집과 다른 점이란다. 물론 좀사마귀 알집이 더 작지만. 넓적배사마귀 알집은 둥글납작하다고 할까. 왕사마귀 알집보다는 좀 납작한 느낌이야. 직접 보고 나면 쉽게 알 수 있을 거야.

영서 아저씨, 혹시 사마귀 키워 보신 적 있어요? 키우는 친구들이 있어서 한번 키워 보고 싶은데 겁이 나서요, 헤헤.

새벽들 키워 본 건 아니고 예전에 연구실 마당에 왕사마귀 알집이 있어서 관찰한 적은 있지. 알에서 아기들이 나오는 모습과 또 그 아이들이 마당에서 크는 모습을 봤어. 알집에서 아기들이 나올 땐 정말 환상적이었지. 쏟아져 나온다는 표현이 더 어울릴지도 몰라. 정말 잊을 수 없는 장면이었단다.

영서 저, 그런데 아저씨, 궁금한 게 있는데요.

좀사마귀 알집

넓적배사마귀 알집

아기 왕사마귀들이 알집에서 나오고 있다.

어린 왕사마귀

왕사마귀 짝짓기

수컷 두 마리가 암컷과 짝짓기를 시도하고 있다.

사마귀들이 짝짓기하고 나면 암컷이 수컷을 잡아먹나요?

새벽들 아저씨도 그런 얘기를 많이 들었는데, 자연에서 보면 그런 일은 별로 없는 것 같더라. 아마 실험실 같은 제한된 공간에서, 그것도 먹이가 부족한 상태에서 그런 일이 일어난 것으로 보이지만, 항상 그런 것 같지는 않아. 물론 암컷은 알을 낳을 때가 되면 영양분이 많이 필요해서 눈앞에 움직이는 거 닥치는 대로 잡아먹는데 수컷도 예외는 아니겠지. 만약 짝짓기 후에 수컷이 떠나지 못하고 암컷에게 잡힌다면 먹이가 되는 건 분명해 보여. 아저씨도 가끔 짝짓기하는 모습을 보는데 암컷이 수컷을 잡아먹는 장면을 아직 못 봤단다.

진욱 여기 사마귀가 있어요. 어떤 사마귀예요?

새벽들 그냥 사마귀구나. 밤이 되니까 눈이 검

밤에 눈이 검게 변한 사마귀

낮에 본 사마귀 암컷

게 변했네. 얼마 전에 알집에서 아기 사마귀들이 나오는 걸 보았는데, 알집 모양만 다를 뿐 왕사마귀와 거의 비슷하더라. 아마 좀사마귀도 비슷할 거야. 좀사마귀는 크기가 작고 또 다리 안쪽에 독특한 무늬가 있어서 구별하기가 쉽

알집에서 나오고 있는 아기 사마귀들

어린 사마귀

알을 낳고 있는 사마귀

다리 안쪽에 독특한 무늬가 있다.

낮에 본 좀사마귀

지. 좀사마귀는 작아서 그런지 아주 귀여워.

진욱 아저씨, 저기 사마귀가 한 마리 있는데 모양이 조금 달라요.

새벽들 저 녀석이 바로 넓적배사마귀란다.

영서 땅딸보 같아요. 배는 넓적하고 머리와 다리는 두툼한데 좀 짧아 보여요.

밤에 본 좀사마귀

밤에 본 넓적배사마귀

겉날개에 하얀색 점이 있다.

앞다리 밑마디에 황색 돌기가 3개 있다.

낮에 본 넓적배사마귀

새벽들 영서가 제대로 봤구나. 맞아, 지금까지 본 사마귀나 왕사마귀보다 좀 짧아 보이지. 그래서 배가 더 넓어 보이고. 저 녀석은 주로 따뜻한 남쪽에 많이 살았는데 요즘은 기후변화 영향으로 중부지방에서도 종종 보인단다. 이런 현상이 꼭 기후변화 때문만은 아닌 것 같아 걱정이 돼.

진욱 네? 그럼······.

새벽들 넓적배사마귀는 예쁘게 생겨서 사람들이 키우고 싶어 하는 곤충이기도 해. 중부지방에서는 이 녀석을 볼 수 없으니까 남쪽에 가서 채집하기도 하지. 아저씨가 추측하기엔 그냥 관찰만 하고 오면 좋은데 집으로 데리고 와서 키우거나 아니면 집 근처 숲에 풀어 주다 보니 지금 같은 상황이 생긴 게 아닌가 해. 곤충을 키울 때 반드시 생각해야 할 점이야. 사람이 잘못 개입하면 생태계의 질서가 금방 무너

어린 넓적배사마귀는 위협할 때 배를 드는 습성이 있다.

밤에 본 넓적배사마귀

독특한 색을 띤 넓적배사마귀 색소 결핍증으로 보인다.

짝짓기 중에 수컷을 잡아먹는 넓적배사마귀 암컷

지거든.

영시 저도 사마귀를 한번 키워 보고 싶었는데…… 잘 생각해 보고 키워야겠어요.

새벽들 아저씨 말을 잘 이해해 줘서 고맙구나. 자, 그럼 산으로 가 볼까? 텃밭은 내려오면서 다시 한 번 보자구나.

숲속의 음악가, 베짱이와 여치!

허물을 벗고 있는 베짱이

진욱 아저씨, 여기 엄청 큰 메뚜기가 있어요. 아니, 여치인가? 아무튼 엄청 커요.

새벽들 날베짱이구나. 베짱이 중에서 가장 큰 종이지.

영서 베짱이요? 메뚜기와는 어떻게 달라요? 한 번 이야기 해 주신 것 같은데 잊었어요, 헤헤.

새벽들 베짱이, 여치 그리고 메뚜기는 모두 메뚜기 집안 곤충이란다. 이 메뚜기 집안을 다시 여치 무리와 메뚜기 무리로 나누지. 보통 몸이 가늘고 더듬이가 몸보다 긴 녀석들을 따로 모아 여치 무리라 하고, 우리가 아는 메뚜기처럼 생긴 녀석들을 모아 메뚜기 무리라고 해. 여치 무리에 베짱이가 있어. 그러니까 날베짱이는 정확하게 이야기하면 메뚜기 집안 중에서 여치 무리에 속하는 거지.

영서 어휴, 복잡해요. 저 아이가 그럼 개미와 베짱이에 나오는 그 아이예요?

새벽들 베짱이에도 여러 종이 있단다. 실베짱이, 날베짱이 그리고 아무 낱말이 안 붙는 베짱이도 있고.

진욱 왜 베짱이라고 했을까요?

새벽들 베짱이 무리의 기본종, 그러니까 아무 낱말도 붙지 않는 베짱이의 울음소리가 베를 짜는 소리처럼 들리거든. 너희들 베 아니? 삼베 말이야. 옛날에는 이 베를 집에서 짰는데 그 베 짜는 소리가 '쓰윽 척 쓰윽 척' 하고 들리거든. 베짱이 울음소리도 그렇게 들리고.

영서 그럼 저 날베짱이도 그렇게 우나요?

새벽들 베짱이를 뺀 다른 베짱이 무리의 울음소리는 다 다르단다. 녀석들이 날개를 비벼서 소리를 낸다는 건 알지?

진욱 네. 메뚜기는 뒷다리로 날개를 긁어서 소리를 내고요.

새벽들 좋았어. 저 날베짱이는 등불에도 잘 찾아온단다. 깜짝 놀랄 만큼 덩치가 크지만 어렸을 때 모습은 완전 귀여워. 아주 어렸을 때는 몸 옆에 검은색 줄무늬가 있는데 신기하게도 조금 크면 그 줄무늬가 없어지지. 옥색이 도는 옅은 푸른빛의 눈 색깔과 더듬이가 시작되는 부분이 붉은색이 특징이야. 언젠가 캠핑장에서

밤 숲에서 본 날베짱이

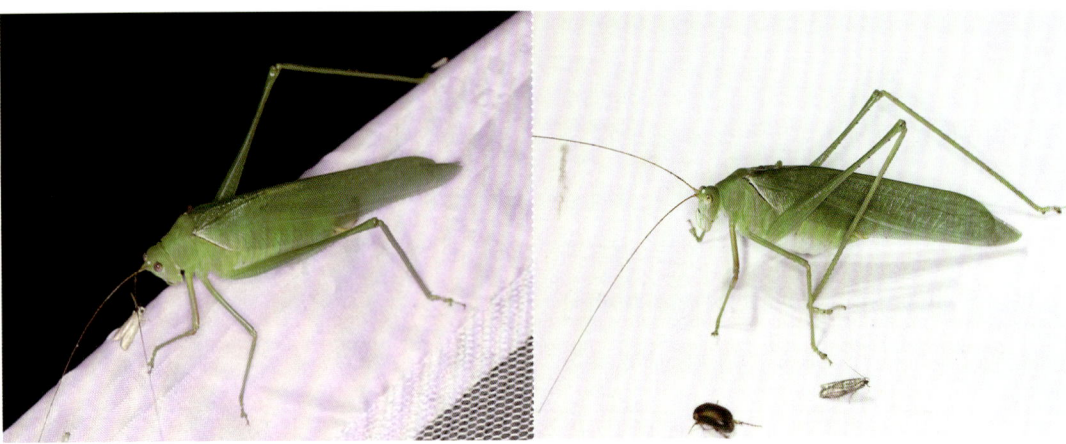

등불에 찾아온 날베짱이

더듬이가 시작되는 부분이 붉은색을 띤다.
눈은 옥색이 도는 옅은 푸른빛이다.

날베짱이 애벌레

아주 어린 날베짱이 애벌레

콩박각시와 날베짱이

콩박각시와 함께 있는 걸 봤는데 어른 손바닥만 한 콩박각시와 비교해도 크기에서 밀리지 않던걸. 아주 큰 베짱이야.

진욱 여기에도 베짱이가 한 마리 있어요. 조금 전에 본 날베짱이보다 날씬해요. 아주 날렵하게 생겼어요.

영서 와, 더듬이 좀 봐. 몸보다 훨씬 길어. 그래서 저 녀석을 여치 무리라고 하는구나. 배 끝에 있는 산란관이 아주 튼튼하게 보여. 암컷인가 봐. 어, 그 옆에 있는 아이는 조금 다르게 생겼

검은다리실베짱이 암컷

검은다리실베짱이 수컷

검은다리실베짱이 애벌레

어. 더듬이가 긴 건 비슷한데 몸이 조금 더 뚱뚱해. 같은 아이인가요?

새벽들 진욱이가 본 녀석은 검은다리실베짱이란다. 뒷다리 넓적다리마디부터 다리 끝까지 검은색이라 붙인 이름이지. 산란관이 있으니까 암컷이 맞구나. 영서가 본 녀석은 북방실베짱이란다. 검은다리실베짱이와는 조금 다르지?

진욱 다리 색도 그렇고 몸 가운데에 있는 무늬도 달라요.

새벽들 비슷한 녀석으로 줄베짱이가 있는데 북방실베짱이와 아주 비슷하게 생겼지. 북방실베짱이 앞날개가 더 넓다는데 자세히 보지 않으면 혼동하기 쉬운 녀석들이야.

영서 줄베짱이도 있고, 북방실베짱이, 검은다리실베짱이도 있네요. 모두 비슷하게 생겨서 헷갈려요.

북방실베짱이

큰실베짱이 암컷

날개에 독특한 직사각형 무늬가 있다.

큰실베짱이 수컷

새벽들 이걸 어쩌지? 그냥 실베짱이도 있고 큰실베짱이도 있는데……. 실베짱이는 전체적으로 초록색을 띠고 몸에 무늬도 선명하지 않아. 실베짱이가 허물 벗는 걸 봤는데 색이 정말 깨끗한 연두색이더라. 얼마나 곱던지 깜짝 놀랐어. 큰실베짱이는 몸이 더 크기도 하지만 날개맥이 여느 실베짱이들과 달라서 그나마 구별이 좀 쉽단다. 날개맥이 현미경으로 보는 양파 껍질처럼 생겼거든. 작은 직사각형 무늬가 계속 이어졌다고 보면 돼. 그리고 큰실베짱이는 가끔 갈색형도 보인단다.

진욱 그런데 왜 실베짱이라고 불러요?

새벽들 베짱이보다 몸이 실처럼 가늘어서 붙인 이름으로 보여. 북한에서는 이 녀석들을 이슬여치라는 예쁜 이름으로 부른다더라. 모두들 베짱이보다 몸이 가느다란 것이 특징이지. 이 녀석들은 가끔 죽은 곤충을 먹기도 하지만 주로 꽃가루나 꽃잎 등을 먹는 초식성이란다.

큰실베짱이 갈색형

암수 모두 다리가 녹색이며
날개에 짙은 얼룩 점들이 흩어져 있다.

실베짱이 수컷 　　　　　　　　　　　실베짱이 암컷

허물을 벗는 실베짱이

암수 모두 두 날개가 접히는 부위에 줄무늬가 뚜렷하다.
이 무늬는 머리 뒤까지 이어진다.

줄베짱이 수컷

줄베짱이 암컷

줄베짱이 애벌레

베짱이 수컷

베짱이 암컷

진욱 지금 들리는 이 소리는 베짱이 소리네요. 쓰으윽 척~ 하고 울어요.

영서 여기야. 여기서 울고 있어. 우는 걸 보니 수컷이구나. 반갑다, 베짱아. 후후.

새벽들 영서가 잘 찾았구나. 영서 말대로 소리를 내는 걸 보니 수컷이고.

영서 아얏! 얘가 물었어요. 아파요.

새벽들 이런, 미리 알려 줬어야 했는데……. 베짱이는 실베짱이나 메뚜기와 달리 육식성이라 물리면 아프단다. 조심해야 해.

영서 우잉, 좀 빨리 알려 주셨으면 안 만졌잖아요. 아파요. 베짱이가 육식성인 줄 몰랐어요. 저는 그냥 메뚜기들처럼 풀을 먹고 사는 줄 알았어요. 으, 아파.

새벽들 베짱이도 그렇고 여치도 그렇고, 육식성인 녀석들은 턱 힘이 강해서 물리면 아프지. 한 번 물려 봤으니까 다음부터는 조심해라.

진욱 영서를 문 아이가 저 나무로 날아갔어요.

베짱이 애벌레

나무 위에서 울고 있는 베짱이 수컷

영서 에이, 전 아픈데 아저씬 웃음이 나와요? 나빠요, 정말.
새벽들 미안, 미안. 자, 영서 기분도 풀 겸 좀 쉬었다 가자. 간식도 먹고.
영서 네, 좋아요. 갑자기 하나도 안 아파졌어요, 헤헤.

새벽들 간식을 먹고 나니까 힘이 나네. 자, 다시 움직여 볼까?
진욱 어, 저건 독특하게 생긴 메뚜기네요. 아니, 여치인가?
영서 정말이네. 누구죠?
새벽들 저 녀석은 여치 무리에 속하는 매부리란다.
영서 매부리요?
새벽들 응, 매부리. 저 녀석 얼굴 옆모습이 매의 부리처럼 보인다고 해서 매부리라는 이름이 붙었지. 잠깐 아저씨가 잡아서 보여줄게. 자, 이

매의 부리

생각보다 잘 나는데요, 히히.
새벽들 베짱이 수컷은 암컷을 부르려고 열심히 울다가도 방해를 받으면 곧 다른 곳으로 휙 하고 날아가서 운단다. 그만큼 절박한 거지. 저 녀석도 화가 났을 거야. 암컷을 부르려고 신나게 노래를 부르는데 영서가 건드렸으니, 하하.

매부리 암컷. 크기를 짐작할 수 있다.

매부리 애벌레

애매부리 애벌레

매부리

녀석은 씨앗도 먹고 다른 곤충도 잡아먹는 잡식성이지만 물리면 꽤 아프니까 조심해야 해. 몸이 녹색인 녀석도 있고 갈색인 녀석도 있지. 여기 산란관 있으니까 암컷이구나. 암컷은 짝짓기가 끝나면 땅에 산란관을 꽂고 알을 낳지. 알 상태로 겨울을 난다고 알려졌단다. 그 옆에 애벌레도 있구나. 날개가 아직 다 자라지 않아 보이지? 산란관이 있어서 어른벌레처럼 보이지만 저 산란관은 아직 사용할 수 없단다. 더 크면 산란관이 완전하게 되어서 그때 짝짓기를 하고 알을 낳을 수 있지.

줄무늬가 있다.
매부리와 다른 점이다.

애매부리 갈색형 암컷　　　　　　　　애매부리 녹색형 암컷

영서 정말 옆얼굴이 독특하게 생겼어요. 신기한 곤충이네요. 매부리는 처음 들어봐요.
진욱 얘도 매부리인가요?
영서 어, 몸에 줄무늬가 있어요.
새벽들 애매부리라고 한단다. 영서 말대로 황백색의 줄무늬가 있어서 매부리와 구별되지.
진욱 아저씨, 저기 보세요. 풍뎅이를 먹고 있는 애는 누구죠?
새벽들 갈색여치구나. 닥치는 대로 먹어 치우는 곤충계의 대식가란다. 저 녀석은 식물뿐만 아니라 곤충도 잡아먹는 잡식성이야. 한때 갑자기 떼 지어 나타나서 과일 농사에 큰 피해를 입히기도 했지. 암수 모두 날개가 없어서 날지는 못해. 튼튼한 뒷다리로 펄쩍펄쩍 뛰어다니는 녀석이지. 비슷한 녀석들이 몇 있는데 갈색여치는 배 아래쪽에 연두색과 노란색이 있어서 구별하기 쉽단다. 허물 벗은 직후에 보면 이 색들이 아주 선명하게 나타나서 무척 아름답지.
진욱 여기 얘도 갈색여치인가요?
새벽들 어디? 그 녀석은 잔날개여치야. 같은 여치 집안이지. 날개가 아주 작아서 잔날개라는 이름을 붙였단다. 가슴 옆쪽에 하얀색 테두리

풍뎅이 종류를 사냥한 갈색여치

갈색여치 암수

갈색여치 짝짓기

갈색여치 애벌레

허물을 벗고 있는 갈색여치

갈색여치는 날개는 없지만 잘 튀어 오른다.

잔날개여치 수컷　　　　　　　　　잔날개여치 암컷

가 있어서 이름 불러 주기가 제법 쉬워. 이 녀석도 잡식성인데 알로 겨울을 난단다. 수컷은 짧은 날개를 비벼 암컷을 유인한다고 해. 비슷한 녀석으로 좀날개여치와 애여치가 있어. 좀날개여치는 옆가슴에 하얀색 무늬가 없어서 쉽게 구별되고 애여치는 옆가슴에 하얀색 테두리가 있지만 날개가 길어서 금방 알아볼 수 있지.

영서 여치도 정신이 없네요. 수는 많지 않은데 비슷비슷하게 생겼어요. 좀날개여치에 잔날개여치, 애여치, 갈색여치도 있으니……. 이름이 참 재미있어요.

진욱 얘는 더듬이가 엄청 길어요. 어라, 날개가 아예 없는데요? 얘도 여치예요?

새벽들 어디 보자. 오, 민어리여치구나. 여치보다는 꼽등이에 가까운 녀석이지. 정확하게는 여치아목 어리여치과에 속해. 지금까지 봤던 여치들과 이름은 비슷하지만 집안이 전혀 다르단다. 이 녀석은 육식성인데 날개가 아예 없어

잔날개여치 애벌레

서 날지 못하고 숲속 바닥을 기어 다니면서 먹이를 찾지. 신기한 점은 누에처럼 입에서 실을 내서 그걸로 나뭇잎을 엮어 그 속에서 숨어 지낸다는 거야. 겨울에도 숲 바닥 낙엽 속에서 숨어 지내고. 여러 가지로 여치와는 다른 녀석이지. 세계에서 오직 우리나라에만 사는 한국 고유종이란다.

영서 와, 작은 녀석이 대단하네요. 참 예쁘게 생겼어요. 헤헤.

겹눈 뒤에 하얀색 줄무늬가 있으며 잔날개여치처럼 옆가슴에 하얀색 테두리가 있지만 날개가 훨씬 길다.

애여치

좀날개여치

좀날개여치 애벌레

허물을 벗는 좀날개여치

민어리여치(어리여치과)

진욱 아저씨 말을 듣고 찬찬히 보니까 날개도 없고 등에 무늬도 있는 게 정말 꼽등이처럼 생겼네요.

영서 얘 정말 꼽등이 아니야?

진욱 어디? 정말 꼽등이다!

새벽들 어디 보자, 꼽등이가 맞네. 꼽등이 중에서 한 덩치 하는 녀석이라 장수꼽등이라고 부른단다. 여느 꼽등이와 다른 점은 가슴에 광택이 난다는 거지. 어른벌레는 광택이 나는 검은색에 가깝지만 애벌레 때는 얼룩무늬가 많아서 언뜻 알락꼽등이로 오해할 수도 있단다. 잡식성으로 낮에는 어두운 곳에 숨어 지내다가 이렇게 밤이 되면 돌아다니지.

영서 얘들은 날개가 없네요. 그럼 어떻게 소리를 내요?

새벽들 와, 날카로운 질문인걸? 하하. 맞아, 날개가 없어. 그러니 소리도 못 내지. 당연히 들을 필요가 없으니까 고막도 없고. 더듬이를 봐. 엄청 길지? 여치 무리에 속한단다.

진욱 여기도 꼽등이가 있어요. 장수꼽등이와 다르게 알록달록해요.

새벽들 그 녀석이 바로 알락꼽등이야. 온몸에 얼룩덜룩한 무늬가 있어서 알락꼽등이라고 한단다.

영서 얘도 알락꼽등이인가요? 몸에 얼룩무늬가 있어요.

새벽들 그 녀석이 바로 그냥 꼽등이란다. 몸에

장수꼽등이 수컷

장수꼽등이 암컷

장수꼽등이 애벌레

알락꼽등이

꼽등이

검정꼽등이

줄무늬가 있지만 다리에 아무 무늬가 없어서 알락꼽등이와 구별되지. 몸 전체가 검은색을 띠는 검정꼽등이도 있단다. 모두 날개가 없어서 날지는 못하지만 뒷다리가 발달해서 잘 뛰어다니지. 커다란 꼽등이가 펄쩍펄쩍 뛰어다니면 처음 본 사람은 깜짝깜짝 놀란단다.

영서 왜 꼽등이라고 부르나요? 사실 얼마 전까지만 해도 전 꼽등이가 귀뚜라미인 줄 알았어요. 이제 꼽등이를 보고 나니까 확실하게 구별할 수 있어요.

새벽들 꼽등이는 등이 둥글게 굽어 보여서 붙인 이름이지. 주로 밤에 활동하고 사는 곳도 어둡고 축축한 곳을 좋아해서 곤충에 관심이 없는 사람들은 꼽등이를 잘 몰라. 그래서 비슷하게 생긴 귀뚜라미로 오해하기도 하지. 하지만 귀뚜라미와는 엄연히 다른 곤충이란다. 둘 다 메뚜기 집안의 여치 무리에 속하지만 귀뚜라미는 울기도 하고 날개도 있어. 가을이 깊어 가면 귀뚜라미 울음소리가 아주 선명하게 들리지? 한여름에는 주로 숲에서 지내다가 가을이 다가오면 숲보다 따뜻한 사람 사는 집 근처로 내려오기 때문이란다. 너희도 들어봤지? 귀뚜라미 울음소리 말이야.

진욱 네. 꼽등이는 울지 못한다고 하셨으니까 울음소리만으로도 둘을 구별할 수 있겠네요.

영서 혹시 이 아이가 귀뚜라미 아니에요?

새벽들 맞아, 그 녀석이 바로 귀뚜라미란다. 왕귀뚜라미구나. 겹눈 위로 하얀색 띠무늬가 있어서 비슷한 귀뚜라미와 구별되지. 이 녀석은 애벌레 때는 얼굴에 무늬가 없는 대신 배 한가운데 하얀색 허리띠를 두른 것 같은 무늬가 있거든. 참, 신기한 일이야.

영서 아하, 할아버지 눈썹이 왕귀뚜라미구나. 눈을 보니까 참 순하게 생겼어요. 얘들은 귀뚤귀뚤 울어서 귀뚜라미죠?

새벽들 맞아. 수컷이 주로 땅을 파서 굴을 만들고 그 속에서 울지. 그래서 소리가 더 크게 들리는지도 몰라. 그 소리에 이끌려 암컷이 굴속으로 들어가면 거기서 짝짓기를 하고 알을 낳는단다. 알 상태로 겨울을 나지. 녀석들도 꼽등이처럼 잡식성이라 뭐든지 잘 먹어.

진욱 귀뚜라미도 여러 종류가 있나요?

새벽들 그럼. 귀뚜라미라는 이름이 들어가는 귀뚜라미들도 많고 종다리나 방울벌레라는 이름이 들어간 녀석들도 있지. 하지만 워낙 비슷비슷해서 이름 불러 주기가 만만치 않단다. 그나마 쉽게 볼 수 있고 구별이 되는 녀석들은 밤에 주로 보이는 야산알락귀뚜라미나 낮에 잘 보이는 홀쭉귀뚜라미, 그리고 방울벌레, 풀종다리, 먹종다리 정도야.

진욱 신기한 이름이 다 있네요. 종다리는 새 아닌가요?

새벽들 그래, 새 이름이지. 그런데 귀뚜라미 중에도 종다리처럼 아주 예쁘게 우는 풀종다리라는 녀석이 있지. 그리고 종다리라는 이름이 들어 있어도 울지 못하는 먹종다리도 있고.

진욱 우리가 집에서 키우는 귀뚜라미는 누구죠? 인터넷에서 다른 동물 먹이로 팔기도 하잖아요.

새벽들 아저씨도 그 귀뚜라미를 알지. 대표적인 사육종 귀뚜라미인데 전 세계에 널리 분포하는 범세계종이란다. 우리나라에는 1999년 일본에서 들여왔다고 하지. 정확한 이름은 쌍별귀뚜라미로 날개가 시작되는 부분에 노란색 점이 두 개 있어서 붙인 이름이야.

우리 주변에서 볼 수 있는 귀뚜라미들!

왕귀뚜라미

왕귀뚜라미 애벌레

쌍별귀뚜라미(사육종)

극동귀뚜라미

야산알락귀뚜라미

홀쭉귀뚜라미

모래방울벌레

여울알락방울벌레   먹종다리

풀종다리 수컷   풀종다리 암컷

땅강아지

땅강아지 애벌레

진욱 여치 무리가 생각보다 많네요. 여치, 베짱이, 귀뚜라미, 꼽등이…… 아, 매부리도 있었지.

영서 또 어떤 아이들이 여치 무리예요?

새벽들 음, 전에 우리가 섬에 가서 본 긴꼬리와 쌕쌔기 생각나니? 그 녀석들도 여치 무리에 속한단다. 아참, 땅강아지를 빼먹을 뻔했네. 땅강아지도 여치 무리에 속해.

진욱 와, 땅강아지도 여치 무리예요? 그럼 소리도 내나요?

새벽들 당연하지. 수컷이 봄과 가을에 '비~' 하는 소리를 낸단다. 우리 주변에 많이 보여서인지 별명도 아주 많아. 하늘강아지, 하늘밥도둑, 꿀도둑. 그만큼 우리와 친근한 곤충이라는 뜻이지. 요즘은 농약을 많이 치고, 땅강아지가 굴을 파고 살 땅도 부족해져 점점 개체 수가 줄어들고 있단다. 서울시에서는 보호 야생 생물로

땅을 파기 알맞게 생긴 땅강아지 앞다리

때까치 먹이로 저장된 땅강아지

지정해 관리할 정도야. 참 안타까워.

영서 땅속에서 살아서 땅강아지죠? 귀여워요.

새벽들 그런 셈이지. 이 녀석들은 대부분의 시간을 땅속 굴에서 보내는데 가끔 등불에 모이기도 해. 감동적인 것은 녀석들은 굴속에 알을 낳고 알에서 새끼가 깨어나면 일정 기간 동안 돌보는 보육 행동을 한다는 거야. 이것저것 가리지 않고 먹는 잡식성이고.

진욱 으~, 저기 땅강아지 아니에요? 누가 저렇게 잔인한 짓을 했지?

영서 어디? 으, 너무했어. 누가 저렇게 땅강아지를 나뭇가지에 꽂아놨지?

새벽들 때까치라는 새가 한 거란다. 때까치는 먹이를 잡으면 바로 먹지 않고 저렇게 나뭇가지나 가시 같은 곳에 꽂아 두지. 땅강아지 처지에선 딱한 일이지만 때까치가 살아가는 방법이야. 이렇듯 다양한 생명들이 좋든 싫든 서로 관계를 맺으며 살아가는 게 생태계란다. 물론 밤 생태계도 예외는 아니지.

멀리뛰기 선수 메뚜기!

한국민날개밑들이메뚜기

새벽들 힘들지 않니? 좀 쉬었다 갈까?

영서 괜찮아요. 재미있어요.

진욱 저도요. 다른 아이들도 보고 싶어요. 또 누굴 볼 건가요?

새벽들 아저씨가 퀴즈 하나 낼까? 음, 곤충 중에서 가장 높이 뛰는 선수는 누굴까요?

영서 벼룩이요.

진욱 아니야, 거품벌레요. 얼마 전에 들었는데 거품벌레가 벼룩보다 더 높이 뛴다고 했거든.

새벽들 딩동댕~ 거품벌레. 그럼 가장 멀리 뛰는 선수는 누굴까요?

영서 에이, 그건 쉽다. 메뚜기요. 맞죠?

새벽들 딩동댕~ 메뚜기. 그럼 다음 문제, 메뚜기는 왜 메뚜기라고 했을까요?

진욱 메뚜기…… 잘 모르겠어요.

새벽들 '메'는 '뫼'라고도 하는데 '산'의 우리말이지. 뚜기는 뛰기로 뛰는 거고. 그러니까 산에서 잘 뛰어다니는 곤충이라는 뜻이 있단다. 그래서 메뚜기지.

영서 아하, 알겠어요. 우리가 다음에 관찰할 곤충은 바로 메뚜기죠? 헤헤.

새벽들 맞아. 여치 무리를 봤으니까 이제는 메뚜기 무리를 찾아보자. 어때, 좋지?

영서 네, 좋아요. 후하하.

진욱 전 벌써 찾았어요. 여기 보세요. 메뚜기가 있어요. 짝짓기 중이에요.

영서 와, 정말이네. 예쁜 메뚜기예요. 초록색 몸에 날개가 길어요. 이름이 뭐죠?

새벽들 저 녀석 배 끝이 약간 들려 있어서 밑들이메뚜기라고 한단다. 정확한 이름은 긴날개밑들이메뚜기야. 날개가 몸 밖으로 길게 나와 있어 붙인 이름이지. 밑들이메뚜기 종류 가운데 날개가 가장 길단다.

진욱 암컷은 산란관이 안 보여요. 여치랑 베짱이들은 암컷 산란관이 칼이나 낫처럼 생겨서 금방 구별이 되잖아요.

새벽들 역시 곤충 박사다운 관찰이구나. 지금 짝짓기 중인 긴날개밑들이메뚜기를 보면 위에 있는 게 수컷이란다. 암컷보다 몸이 좀 작고 날씬하지. 여치나 베짱이가 속한 여치 무리는 짝

긴날개밑들이메뚜기 짝짓기

짓기 할 때 위에 있는 게 암컷이야. 알을 낳는 방법도 달라. 여치 무리는 산란관으로 풀 줄기 같은 델 찔러서 알을 하나씩 낳지만 메뚜기 무리는 산란관을 땅에 꽂고 거품에 싸인 알을 한꺼번에 낳는단다. 그래서 북한에서는 저 녀석을 긴날개거품메뚜기라고 부른다더라.

영서 신기해요. 그럼 저렇게 짝짓기한 다음에

긴날개밑들이메뚜기 애벌레

암컷이 땅에다 알을 낳나요?

새벽들 응. 주로 물이 잘 빠지는 약간 축축한 흙속에 거품에 싸인 알을 덩어리로 낳지. 알 상태로 겨울을 나고 이듬해 봄에 알에서 깨어난단다. 녀석의 애벌레는 무리를 짓는 습성이 있어서 봄에 엄청 많은 애벌레들이 모여 있는 걸 종종 볼 수 있지. 주변에서 쉽게 보이는 메뚜기란다.

진욱 애는 좀 다르게 생겼어요. 몸 옆에 주황색 점 같은 게 있어요. 긴날개밑들이메뚜기는 없었는데.

새벽들 밑들이메뚜기란다. 얼마 전까지 팔공산밑들이메뚜기라고 불렀지. 팔공산밑들이메뚜기는 주로 남부지방에 살고 중부지방에서 발견되는 이 녀석은 밑들이메뚜기라고 해야 한다는 의견이 있었거든. 팔공산은 대구에 있는 산이야. 아저씨도 그 의견이 맞는 것 같아서 이 녀석을 그냥 밑들이메뚜기라고 불러. 진욱이가 말한 주황색 점 같은 건 날개란다.

영서 날개요? 날개가 저렇게 작아요? 그럼 날지 못하겠네요.

새벽들 다 자라도 날개가 커지지 않으니 날지 못하지만 잘 뛰어다닌단다. 밑들이메뚜기 중에는 저렇게 날개가 작은 녀석도 있고 아예 날개

밑들이메뚜기

가 없는 녀석도 있어. 대표적인 밑들이메뚜기로 한국민날개밑들이메뚜기인데 이름에서처럼 날개가 없어. 이름에 있는 '민' 자가 그런 뜻이거든. 우리나라 토산종이라 이름에 '한국'이 있지. 주로 높은 지역의 들판에 사는 고산밑들이메뚜기는 조금 전에 본 밑들이메뚜기처럼 날개가 아주 작아. 참북방밑들이메뚜기나 참밑들이메뚜기도 날개가 아주 작지.

진욱 얘는 누구예요? 날개가 긴날개밑들이메뚜기처럼 길지 않고 그렇다고 밑들이메뚜기처럼 작지도 않아요.

새벽들 원산밑들이메뚜기란다. 북한에 있는 원산에서 처음 채집되어 붙인 이름이지. 긴날개밑들이메뚜기보다 날개가 조금 짧고, 앞날개 윗면이 초록색인 게 다른 점이야. 긴날개밑들이메뚜기와 같은 서식지에서 살고, 제법 쉽게 보이는 메뚜기란다. 애벌레도 비슷하게 생겼지만 검은 얼룩무늬가 더 짙게 나타나지.

허물을 벗는 밑들이메뚜기

밑들이메뚜기 애벌레

한국민날개밑들이메뚜기 짝짓기 　　　　　　　한국민날개밑들이메뚜기 수컷

한국민날개밑들이메뚜기 암컷 　　　　　　　고산밑들이메뚜기

참밑들이메뚜기

참북방밑들이메뚜기

긴날개밑들이메뚜기와 비슷하지만 앞날개 위쪽이 초록색인 것이 다르다.

원산밑들이메뚜기

원산밑들이메뚜기 애벌레

우리벼메뚜기

영서 얘는 자주 보던 메뚜기예요. 할아버지 댁에 갔을 때 논에서 많이 봤어요. 할아버지 말씀으로는 이 녀석을 잡아서 튀겨 먹었다고 하시더라고요.

새벽들 그 녀석이 바로 우리가 가장 흔하게 보

우리벼메뚜기 애벌레

는 메뚜기인 우리벼메뚜기란다. 예전에는 이 녀석을 벼메뚜기라고 불렀는데 중국에 사는 벼메뚜기와 우리나라 벼메뚜기가 다르다는 것이 밝혀져서 요즘은 우리벼메뚜기라고 부르지. 영서 할아버님 말씀처럼 옛날 아이들에게 아주 맛있는 간식이었어. 논에서 흔히 보이는 녀석으로 주로 벼과 식물의 잎을 갉아 먹고 산단다.

영서 전 그냥 벼메뚜기, 아니 우리벼메뚜기만 있는 줄 알았는데 생각보다 많은 메뚜기들이 있네요. 또 어떤 메뚜기가 있나요?

새벽들 등검은메뚜기, 땅딸보메뚜기 그리고 지난번 섬에서 만난 해변메뚜기나 발톱메뚜기도 있지. 모두 다 이름이 독특한 메뚜기들이야.

진욱 저기 보세요. 메뚜기가 아주 예뻐요. 매끄

등검은메뚜기

등검은메뚜기 애벌레

땅딸보메뚜기 수컷　　　　　　　　　　땅딸보메뚜기 암컷

발톱메뚜기

해변메뚜기

해변메뚜기와 발톱메뚜기

럽게 생겼어요. 누구예요?

새벽들 음, 끝검은메뚜기 암컷이구나.

영서 끝이 검은색이에요? 어디가 검은색인데요?

새벽들 암컷은 가끔 검은색이 보이지 않아. 수컷을 보고 나면 왜 끝검은메뚜기라고 하는지 알게 될 거야. 수컷의 날개 끝이 눈에 띄게 검은색이거든.

영서 재미있는 메뚜기가 많아요. 끝검은메뚜기, 등검은메뚜기, 땅딸보도 있고, 발톱도 있고, 헤헤. 또 재미있는 이름을 가진 메뚜기는 없나요?

새벽들 당연히 있지. 대표적으로 삽사리라는 녀석이야.

끝검은메뚜기 암컷

끝검은메뚜기 수컷

진욱 삽사리요? 강아지 이름 같은걸요, 헤헤.

새벽들 그렇구나, 하하. 주로 낮에 많이 보이는데 이 녀석의 소리가 '사사사사 삭' 해서 붙인 이름이지. 암컷과 수컷이 좀 다르게 생겼는데 수컷은 날개가 배 끝을 넘지 못하고 짧은 편이야. 암컷은 날개가 더 짧아서 마치 애벌레처럼 보인단다. 삽사리도 메뚜기 무리에 속하는 대표적인 곤충이야.

진욱 참 별별 이름의 메뚜기가 많네요.

새벽들 더 신기한 이름도 있는걸? 삽사리처럼 생긴 녀석으로 꼭지메뚜기, 극동애메뚜기, 청날개애메뚜기가 있지.

영서 메뚜기도 만만치 않네요. 이름 불러 주려면 힘들겠어요.

새벽들 그냥 우리 주변에 이런 메뚜기들이 사는구나 하고 마음 편하게 생각하렴, 하하.

삽사리 수컷 날개가 배 끝을 넘지 못해 짧은 편이다.

삽사리 암컷 날개가 짧아서 마치 애벌레처럼 보인다.

삽사리 짝짓기

참어리삽사리

꼭지메뚜기

꼭지메뚜기 애벌레

극동애메뚜기

청날개애메뚜기 수컷

청날개애메뚜기 암컷

방아깨비

뒷다리를 잡으면 방아 찧는 행동을 한다.

영서 어, 쟤 방아깨비 아니에요? 엄청 큰 아이인데요.

새벽들 그렇구나, 방아깨비가 맞네. 반갑다.

진욱 방아 찧는 아이라서 방아깨비라고 하죠?

새벽들 맞아. 저 녀석 뒷다리를 잡고 있으면 방아 찧듯이 몸을 움직여서 붙인 이름이지. 방아깨비 암컷은 메뚜기 무리 중에서 몸이 가장 길단다. 단단한 땅을 파서 알을 낳는다고 해. 녀석을 자세히 보면 아주 독특하게 생겼어. 더듬이가 납작한 칼날 모양이고 겹눈 사이로 정수리가 길게 튀어나와서 재미있게 생겼지. 긴 타원형의 눈이 언뜻 뱀 눈처럼 보이기도 해.

영서 정말 그래요. 재미있게 생겼어요.

새벽들 방아깨비는 우리 주변에서 쉽게 보이는 메뚜기로 녹색형과 갈색형이 있단다. 또 무늬가 아예 없거나 줄무늬와 점무늬가 있는 녀석도 있지. 생각보다 여러 몸 색깔이 나타난단다.

진욱 어, 여기 섬서구메뚜기도 있어요.

방아깨비 얼굴

색과 무늬가 여러 가지인 방아깨비

새벽들 그렇네, 잘 찾았어. 사람들이 종종 방아깨비와 혼동하는데 방아깨비보다 몸이 짧단다. 이 녀석도 방아깨비처럼 암컷이 수컷보다 훨씬 커서 짝짓기 모습을 보면 꼭 엄마가 아기를 업고 있는 것 같지. 암컷의 크기는 우리가 아는 메뚜기만큼 된단다. 갈색형과 녹색형, 회색형 그리고 붉은 갈색형 등 여러 색깔이 나타나지.

영서 얘 수영도 잘해요. 잠수도 하고요. 잡으려고 하면 물로 뛰어들더라고요.

새벽들 맞아. 그래서 섬서구메뚜기를 반수서성 메뚜기라고 해. 위험하다고 생각되면 종종 물로 뛰어드는데 수영도 잘해. 가슴에 묻은 공기방울을 달고 잠수해서 얼마 동안 숨을 쉴 수도 있지.

방아깨비 애벌레

섬서구메뚜기

등검은메뚜기와 섬서구메뚜기

섬서구메뚜기 암수. 작은 게 수컷이다.

섬서구메뚜기 얼굴

진욱 이름이 왜 섬서구메뚜기인가요? 섬서구가 무슨 뜻이에요?

새벽들 예전에는 벼 베기가 끝나고 나면 볏짚을 삼각형(원뿔) 모양으로 논에 모아 두었는데, 그게 섬서구란다. 이 녀석의 머리 모양이 섬서구처럼 생겨서 붙인 이름이야.

볏짚을 삼각형(원뿔) 모양으로 모아 놓은 것을 섬서구라고 한다.

두꺼비메뚜기

영서 아저씨, 여기 등화 천에도 메뚜기들이 많아요. 신기하게 생긴 아이도 있어요. 얘는 날개가 길어서 꼬리처럼 보여요. 몸에는 두꺼비처럼 돌기가 많고요. 얘도 메뚜기죠?

새벽들 어디? 영서 말처럼 몸에 두꺼비 같은 돌기가 많구나. 그래서 이름도 두꺼비메뚜기란다. 그 옆에 애벌레도 있구나. 애벌레도 두꺼비 피부를 닮았네.

진욱 그 옆에도 색깔이 비슷한 메뚜기가 있어요. 혹시 얘가 팥중이인가요? 지난번 섬에서 봤

두꺼비메뚜기 애벌레

팥중이 갈색형　　　　　　팥중이 녹색형　　　　　　팥중이 짝짓기

팥중이 애벌레

콩중이 녹색형

콩중이 갈색형

던 애요.

새벽들 그래, 팥중이도 등불에 왔구나. 반갑네. 팥색을 닮아서 팥중이라고 해. 동네 어른들이 송장메뚜기라고 하는 녀석이지. 팥중이도 갈색형과 녹색형이 있단다.

영서 얘, 풀무치 아니에요? 섬에서 봤던 덩치가 큰 메뚜기요. 여기도 있는데 엄청 커요.

새벽들 그 녀석은 풀무치와 비슷한 콩중이라고 한단다. 앞가슴 등판 한가운데가 풀무치나 팥중이보다 더 불룩 솟아서 구별되지. 오늘은 콩

콩중이 애벌레

발톱메뚜기와 열석점긴다리무당벌레

지. 애벌레도 아주 크고 당당하게 생겼단다. 옆에 있는 녀석은 발톱메뚜기야. 이야, 콩중이, 팥중이, 발톱이 다 모였구나.

영서 여기 아주 작은 메뚜기가 있어요. 작아서 너무 귀엽고, 똥똥한 게 예뻐요.

새벽들 모메뚜기구나. 이 녀석을 위에서 보면 앞가슴 등판이 마름모꼴이라 붙인 이름이지. 신기한 건 앞가슴 등판이 길게 발달한 거란다. 독특하게 생긴 앞가슴 등판이 배 위를 덮고 있는 모양새지. 앞날개는 작은 비늘조각처럼 생겼고 뒷날개는 앞가슴 등판 밑에 있단다.

진욱 작은 아이지만 날개가 아주 독특하네요.

새벽들 가끔 이렇게 등불에도 찾아온단다. 위험하다고 생각되면 물속으로 뛰어들기도 하고. 주로 축축한 물가에 살면서 낙엽이나 이끼 같은 걸 먹고 살지. 색과 무늬가 여러 가지라서 같은 종이라고 생각하기 힘들 정도야. 그만큼 체색 변이가 많은 녀석이지.

중이와 팥중이가 다 왔구나. 메뚜기계의 콩쥐, 팥쥐야. 하하. 이 녀석도 녹색형과 갈색형이 있

앞가슴 등판이 길게 발달하여 배 위를 덮는다.

앞날개는 작은 비늘조각 모양이다.

뒷날개는 앞가슴 등판보다 짧다.

모메뚜기

영서 얘도 모메뚜기인가요?

새벽들 그 녀석은 장삼모메뚜기란다. 앞가슴 등판이 몸 밖으로 길게 발달한 모습에서 장삼을 입은 스님을 생각했는지 장삼모메뚜기라는 이름을 붙였지. 장삼은 절에서 스님이 입는 긴 사락의 옷을 말하거든.

진욱 이름이 참 신기한 메뚜기도 다 있네요.

새벽들 가시모메뚜기라는 녀석도 있는데 앞가슴등판이 장삼모메뚜기처럼 길게 발달해 있고 특히 앞가슴 등판 양옆이 가시처럼 뾰족하게 생겨서 붙인 이름이야. 우리나라 모메뚜기 무리 중에서 가장 크단다. 이 녀석도 위험을 느끼

장삼모메뚜기

가시모메뚜기

  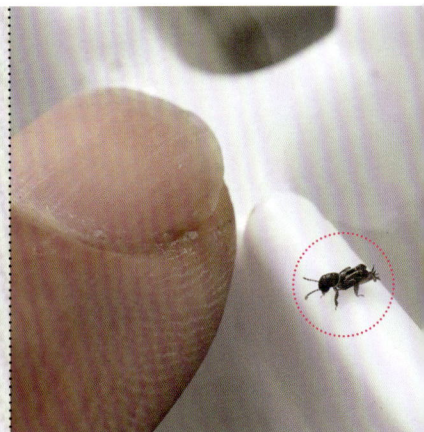

좁쌀메뚜기 아주 작은 메뚜기다.

면 물속으로 뛰어들고 수영도 잘하지.

진욱 모메뚜기는 모두 수영선수군요, 헤헤.

영서 얘도 모메뚜기인가요? 몸이 온통 검은색인데 엄청 작아요.

새벽들 오, 좁쌀메뚜기구나. 우리나라 메뚜기 중에서 가장 작은 녀석이지. 벼룩처럼 작고 잘 뛴다고 벼룩메뚜기라는 별명도 있단다. 모메뚜기는 모메뚜기과에 속하고 이 녀석은 좁쌀메뚜기과에 속해. 전 세계적으로 130여 종 이상이 산다고 알려졌는데 우리나라에는 이 녀석 한 종만 살지. 이 녀석도 물에 빠지면 헤엄을 잘 친단다.

진욱 이렇게 작은 아이는 거미나 개미에게 잡아먹히기 딱 좋겠어요.

새벽들 그렇겠지. 하지만 이 녀석도 살아남기 위해 나름의 무기를 만들었단다. 바로 냄새야. 노린재처럼 이 녀석도 냄새샘이 있어서 위험에 처하면 독특한 냄새를 풍긴다고 해. 신기한 것은 땅강아지처럼 땅을 판다는 거야. 굴을 파다가 무너지면 안 되니까 다리에 있는 점액선에서 점액을 분비해서 벽을 튼튼하게 고정시킨다고 해. 암컷도 땅강아지처럼 일정 기간 동안 새끼를 돌본다고 하지.

영서 생긴 것도 그렇고, 이름도 그렇고, 살아가는 모습도 정말 신비로워요. 좁쌀메뚜기는 신비로운 메뚜기예요.

새벽들 자, 오늘은 여기서 마무리해야겠다. 오늘 어땠니? 힘들진 않았어?

진욱 재미있었어요.

영서 사마귀도 보고 여치랑 베짱이, 메뚜기도 만나서 완전 신났어요. 다음에는 어디로 갈 거예요?

새벽들 다음에는 계곡 주변을 따라가면서 관찰하려고 해. 자, 그럼 다음 주에 만나자.

메뚜기를 손으로 잡으면 입에서 방어 물질을 토해낸다.

방아깨비 겹눈과 홑눈

방아깨비 고막

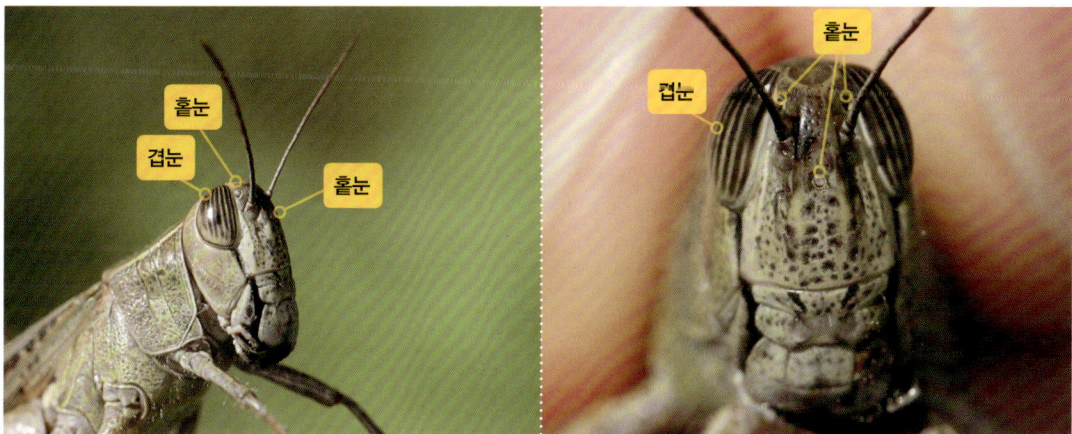
등검은메뚜기 겹눈과 홑눈

강도래와 날도래!

한국큰그물강도래

진욱 계곡 주변이라 그런지 강도래와 날도래가 많이 왔어요.

새벽들 이젠 강도래와 날도래는 쉽게 구별하는데? 하하. 이름은 비슷하지만 다른 집안이라는 건 알지?

영서 그럼요. 강도래는 번데기를 안 만들고 날도래는 번데기를 만들잖아요.

새벽들 맞아. 잘 알고 있구나. 강도래는 메뚜기 집안이나 노린재 집안처럼 번데기를 만들지 않고 알-애벌레-어른벌레로 탈바꿈을 하는 안갖춘탈바꿈을 하는 곤충이지. 날도래는 딱정벌레나 나비처럼 알-애벌레-번데기-어른벌레로 탈바꿈을 하는 갖춘탈바꿈을 하는 곤충이고. 이름이 비슷해서 종종 비슷한 집안이라고 생각하는데 전혀 다른 집안이란다.

진욱 둘 다 애벌레 때에는 물속 생활을 하는 건 똑같아요. 맞죠?

영서 그런 아이들을 수서곤충이라고 해요. 이것도 맞죠? 헤헤.

새벽들 와, 둘이 호흡이 착착 맞는걸? 하하하.

진욱 등화 천에 벌써 날도래와 강도래가 많이 왔어요.

새벽들 저기 봐라. 날개를 완전히 겹쳐 접어서 납작하게 보이는 녀석들이 강도래들이고 날개를 'ㅅ'자 모양으로 맞대서 접는 녀석들이 날도래들이야. 날도래는 앞에서 보면 'A'자처럼 보이지.

등화 관찰

영서 도래가 무슨 뜻이라고 했죠? 예전에 들었는데 잊어버렸어요.

새벽들 아직 확실하게 '이거다' 하고 정리되지는 않았지만, 보통 두 가지로 이야기하고 있지. 첫 번째는 도래가 문빗장에서 유래했다는 이야기란다. 옛날에 대문을 닫을 때 사용했던 가로로 된 도구를 도래라고 하는데, 날도래가 만든 집이 그와 같은 모양이라 그렇다는 이야기지. 또 하나는 도래가 우리나라 전통 매듭 중 하나인 도래매듭에서 유래되었다는 거야. 전통 매듭을 연구하는 아저씨 친구한테 부탁해서 도래매듭을 하나 얻어왔는데 날도래가 만드는 집 모양과 정말 비슷하더구나. 아직 확실하게 정리된 건 아니지만 날도래의 도래가 도래매듭에서 유래한 게 아닌가 싶어.

진욱 여기 납작하게 생긴 아이는 누구죠? 노란

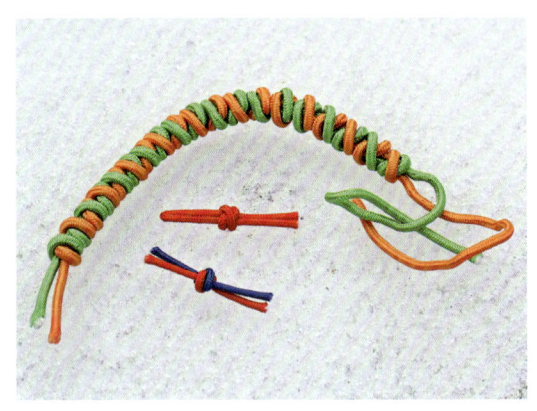

도래매듭

색이에요. 강도래 아닌가요?

새벽들 한국강도래구나. 물속 생활을 끝내고 이제 막 날개돋이를 했나 보네. 몸 색깔이 아주 선명하고 멋지구나.

영서 여기 있는 이 작은 애도 강도래죠?

새벽들 녹색강도래라고 한단다. 작지만 아주 예쁜 녀석이지.

띠무늬우묵날도래 애벌레집

한국강도래

날개돋이 하는 한국강도래

한국강도래 허물

막 날개돋이를 끝낸 한국강도래

진욱 여기도 강도래가 왔어요. 지금까지 본 것 중에서 제일 큰 것 같아요. 진짜 커요.

새벽들 진짜네. 진짜 커서 진강도래인가? 하하. 진강도래라고 하지. 진욱이 말대로 한국강도래나 녹색강도래와 비교하면 훨씬 크지. 아주 멋지게 생겼구나.

진욱 강도래들이 생각보다 많이 등불에 모였는데요.

새벽들 계곡 주변이라 더 그런가 보다. 한꺼번에 여러 강도래를 볼 수 있어서 좋은걸? 조금 올라가면서 찾아볼까? 혹시 다른 강도래들도 만날 수 있을지 모르니까.

영서 또 어떤 강도래들이 있나요?

새벽들 우리가 본 것보다 좀 작은 꼬마강도래가 있고, 꼬마강도래와 크기가 비슷한 집게강도래도 있지. 날개 둘레를 노란색으로 멋지게 치장한 무늬강도래도 있고. 무늬강도래보다 작은 애민무늬강도래는 밝은 초록색이라 아주 예쁘단다. 또 우리나라 고유종인 한국큰그물강도래도 있지.

녹색강도래

녹색강도래 짝짓기

진강도래

꼬마강도래

집게강도래

무늬강도래

무늬강도래 허물

애민무늬강도래

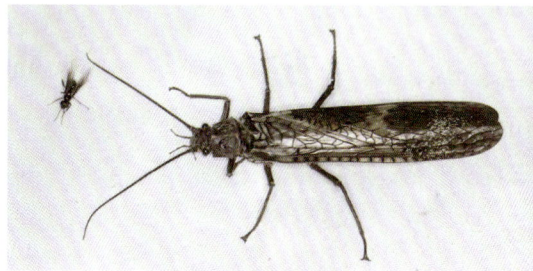
등화 천에 온 한국큰그물강도래

한국큰그물강도래의 크기를 짐작할 수 있다.

한국큰그물강도래 짝짓기

한국큰그물강도래 탈피 허물

등불에 날아온 **청나비날도래**

낮에 본 **청나비날도래** 겹눈이 붉은색이다.

진욱 얘는 누구예요? 몸은 조그마한데 더듬이가 엄청 길어요. 신기하게 생겼어요.

영서 저기 바위 위에도 시커먼 아이가 있어요. 짝짓기하는 것 같아요.

새벽들 진욱이가 본 녀석은 청나비날도래라는 날도래란다. 앞다리가 갈고리처럼 생겨 신기한 녀석이지. 또 여느 날도래와 달리 날개 뒷부분이 봉긋하게 부풀어서 더 신기하고. 몸보다 더 긴 더듬이를 자세히 보면 하얀색 고리무늬가 계속 이어져 있다는 걸 알 수 있지. 이 녀석을 낮에 보면 눈이 선명하게 보이는데 신기하게도 겹눈이 빨간색이란다. 영서가 본 녀석은 수염치레날도래야. 작지만 몸 색깔이 아주 멋지지. 특히 더듬이가 멋지지 않니? 암수 더듬이 색이 다른 것도 신기하고.

진욱 날도래도 참 멋지네, 헤헤.

영서 저기도 아주 멋진 아이가 앉아 있어요. 날개 접은 모습을 보니 날도래네요. 색이 아주 예

수염치레날도래

큰우묵날도래

뼈요. 누구예요?

새벽들 큰우묵날도래구나. 영서 말대로 색이 아주 예쁘지. 막 날개돋이를 끝낸 녀석을 본 적이 있는데 색이 정말 환상적이더구나. 날개 줄무늬가 가지런해서인지 무척 단정해 보이고. 그런데 저 녀석 이름이 우리큰우묵날도래인지 아니면 그냥 큰우묵날도래인지는 정확하게 모르겠어. 현미경으로 관찰해야 정확하게 알 수 있지. 다만 큰우묵날도래 서식지가 더 넓다는구나. 우리큰우묵날도래는 주로 태백산맥을 중심으로 산다고 알려졌지. 날도래는 아직 연구가 많이 필요한 곤충이란다.

진욱 이름이야 뭐……. 멋진 아이를 만나니 기분이 좋아요. 이렇게 멋진 날도래가 또 있나요?

새벽들 당연하지. 잘 찾아보면 우리 주변에 꽤 많은 날도래가 있단다. 하지만 아직 정확하게 이름을 불러 주긴 어려워. 자주 보여서 그나마 이름을 불러 줄 수 있는 날도래로는 멋진 바둑무늬 코트를 입은 굴뚝날도래가 있고, 둥근날개날도래와 띠무늬우묵날도래도 있지. 또 등불에 자주 찾아오는 작은 가시날도래와 날개날도래가 있어.

영서 날도래가 이렇게 멋진 곤충인지 몰랐어요. 오늘은 날도래에게 완전 반했어요, 헤헤. 아, 강도래도 그렇고요. 날도래만 좋아한다고 강도래가 삐치면 곤란하잖아요. 도래 도래 날도래, 도래 도래 강도래. 도래들 때문에 기분이 좋아요. 우와, 신기해요 도래 도래 하고 말하니까 행복해져요, 헤헤.

진욱 도래 도래 도래. 정말 기분이 좋아지는데? 히히. 깨끗한 물이 흐르는 계곡에 오니까 깨끗하게 생긴 도래들이 많아요. 날도래, 강도래 다 멋져요.

새벽들 진욱이 말처럼, 강도래나 날도래들 중

굴뚝날도래

둥근날개날도래

띠무늬우묵날도래

날개날도래

가시날도래

에는 깨끗한 물을 상징하는 1급수 지표종이 많단다. 물론 약간 오염된 물에 사는 녀석들도 있지만, 많은 녀석들이 깨끗한 계곡 같은 곳에서 살기 때문에 이 녀석들이 보이는 곳은 물이 그만큼 깨끗하다는 증거지.

벌레야, 곤충이야?
대벌레, 집게벌레, 바퀴벌레!

허물을 벗고 있는 대벌레

진욱 아저씨, 쟤 대벌레 아닌가요?

새벽들 맞아. 나뭇잎과 색이 비슷해서 찾기 힘들 텐데, 잘 찾았네.

영서 대나무처럼 생겨서 대벌레인가요?

새벽들 그렇지. 한자로 대나무 죽(竹), 마디 절(節), 벌레 충(蟲) 자를 써서 '죽절충'이라 하고 영어로는 '막대기 곤충'이라는 뜻으로 'Stick insect'라고 한단다.

영서 벌레요? 곤충과는 다른가요? 한자로는 벌레라 하고 영어로는 곤충이라고 하네요. 대벌레는 곤충이잖아요?

새벽들 벌레가 더 넓은 의미라고 생각하면 돼. 몸이 작고 다리도 많고 뼈도 없는 녀석들을 벌레라고 하는데 그중에 곤충이 있는 거야. 벌레에는 곤충도 있고, 거미도 있고, 노래기도 있고, 지네도 있단다.

영서 아하, 알겠어요. 그러니까 대벌레는 대곤충이군요. 집게벌레도 집게곤충이고, 바퀴벌레도 바퀴곤충이고, 히히.

새벽들 듣고 보니 그렇네, 하하. 대벌레는 주변 환경에 따라 갈색형과 녹색형이 있단다. 몸이 약하고 특별한 방어 수단이 없어서 위험하다고 생각되면 다리를 끊거나 죽은 척하지. 아주 순한 곤충이야. 날개도 퇴화되어서 날지 못하니까 나름대로 살기 위한 방편이지만, 그렇게 효과적인 것 같지는 않아. 오히려 나뭇가지처럼 변장을 하고 숨어 있는 게 최고의 방어 전략이지. 이 녀석들은 참나무 같은 넓은잎나무를 먹고 산단다.

진욱 쟤가 짝짓기를 하지 않고 알을 낳는다는 게 사실인가요? 책에서 봤어요.

새벽들 맞아. 짝짓기를 하지 않고 암컷 혼자 알을 낳는 것을 단위(단성) 생식이라고 하지. 진딧물 같은 곤충에서도 볼 수 있는 현상이란다. 그래서 자연 상태에서 수컷을 찾기가 아주 힘들어.

영서 신기하게 생긴 녀석이 사는 방식도 신기하네요. 우리나라에 대벌레는 쟤 한 종뿐인가요?

새벽들 분홍날개대벌레, 긴수염대벌레도 있단다.

대벌레 녹색형

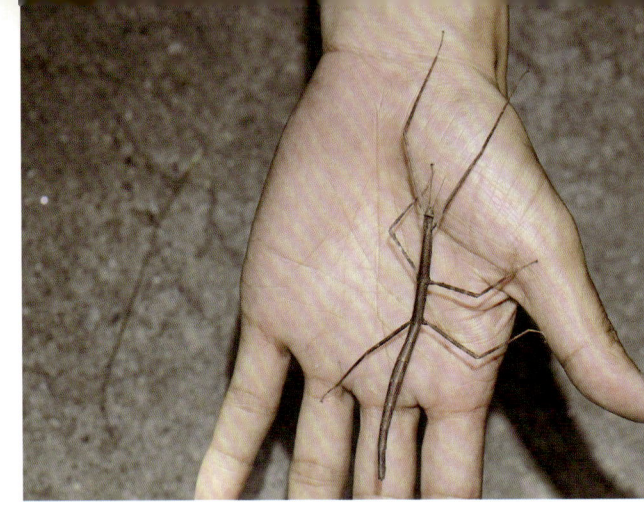
대벌레의 크기를 짐작할 수 있다.

대벌레 갈색형

옆에서 본 대벌레

대벌레 애벌레

허물을 벗는 대벌레 대벌레는 천적의 눈을 피해 주로 밤에 허물을 벗는다.

긴수염대벌레는 더듬이가 길어서 붙인 이름인데 녀석도 날개가 퇴화되어 날지 못해. 분홍날개대벌레는 뒷날개가 분홍색이라 붙인 이름인데 녀석은 날개가 있으니까 당연히 날지. 대벌레보다 몸이 더 통통하고 짧단다. 자세히 보면 아주 순하게 생긴 녀석이야.

밤에 본 분홍날개대벌레 어른벌레라도 날개가 짧아서 배를 다 가리지 못한다.

낮에 본 분홍날개대벌레

어린 긴수염대벌레

산바퀴

산바퀴 애벌레

영서 으~ 저거 바퀴벌레 아니에요?

진욱 어디? 진짜 바퀴벌레네. 어라, 왜 산에 있지?

새벽들 산바퀴란다. 원래 산에 사는 바퀴야. 우리는 보통 바퀴벌레라고 하지만 정확한 이름은 그냥 '바퀴'지. 산에 살아서 산바퀴라고 해. 집에 사는 시커먼 집바퀴와는 달라. 잘 찾아보면 애벌레도 보일 거야.

진욱 혹시 얘 아니에요? 여기 작은 애요.

새벽들 그래, 그 녀석이 산바퀴 애벌레야.

영서 아무리 곤충이 좋아도 왠지 바퀴벌레는 싫어요.

진욱 저도요.

새벽들 아저씨도 그랬단다. 그런데 멋진 바퀴를 안 뒤로는 바퀴를 다시 보게 됐지.

진욱 멋진 바퀴요? 그런 바퀴도 있어요?

새벽들 너희 혹시 갑옷바퀴라고 들어봤니? 우리나라 고유종 바퀴란다.

진욱 갑옷바퀴요? 혹시 그 바퀴가 새끼들에게 젖을 준다는 바퀴 아닌가요? 얼마 전에 인터넷을 검색하다가 본 것 같아요.

새벽들 오, 진욱이가 갑옷바퀴를 아는구나.

영서 젖을 주는 바퀴도 있어요? 포유동물도 아니고, 바퀴는 곤충이잖아요?

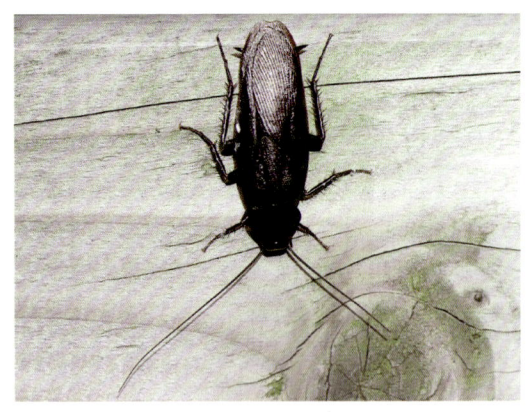

집바퀴

갑옷바퀴

새벽들 그렇지. 그런데 갑옷바퀴가 그와 비슷한 행동을 한다는 거야. 갑옷바퀴는 8~9년을 산단다. 우리나라 곤충 중에서 가장 오래 살지. 알에서 깨어나서 5년 정도 지나야 짝짓기를 할 수 있는 어른이 되거든. 어른이 돼서 짝짓기를

하고 알을 낳은 뒤에는 3년가량 지극정성으로 새끼를 돌본다고 알려졌어. 짝짓기를 한 암수가 깊은 산에 있는 썩은 나무 속에서 함께 살면서 죽을 때까지 새끼를 돌본다고 해.

진욱 정말 신기한 아이들이네요. 그렇게나 오래 사는 곤충도 있다니, 마치 포유동물 같아요. 그런데 젖을 먹인다는 건 무슨 뜻이죠?

새벽들 썩은 나무를 먹어서 소화하려면 장 속에 나무 섬유질을 분해해 줄 원생생물이 있어야 하지. 어른벌레에는 이 원생생물이 있는데 애벌레 때는 없거든. 그래서 어미가 이 원생생물과 함께 새끼에게 필요한 영양분을 섞어서 액체 상태로 배설해 놓으면 새끼들이 마치 젖을 받아먹듯이 어미 주변으로 모여들어서 먹는다고 해. 이런 과정을 하루 2~3번씩 하니까 꼭 젖을 먹이는 것처럼 보이지.

영서 완전 신기한 곤충이네요. 이젠 바퀴를 다시 봐야겠어요. 알면 알수록 신기한 곤충의 세계예요.

새벽들 이런 행동은 약 두 달 동안 주기적으로 계속된다고 해. 원생생물이 새끼 몸속에 완전히 자리 잡을 때까지 말이야. 그 후로도 죽을 때까지 무려 3년 동안이나 새끼를 돌본다고 하니, 정말 신기한 곤충이야. 진욱이 말대로 개나 고양이 같은 포유동물처럼 행동하는 것 같아.

진욱 저도 그와 비슷한 이야기를 들은 적이 있어요. 집게벌레가 겨울이 되면 새끼를 돌보다

고마로브집게벌레 수컷

고마로브집게벌레 암컷

고마로브집게벌레 애벌레

가 먹이가 떨어지면 자신의 몸을 새끼에게 준다고요.

영서 집게빌레가? 와, 내난하나. 보는 집게벌레가 다 그런가요?

새벽들 글쎄다. 아저씨가 알기론 일본에서 연구한 결과라고 하는데 우리나라에서는 아직 그런 행동을 보이는 집게벌레는 발견되지 않았다더라. 사실이야 어떻든 곤충 중에서도 포유동물처럼 알을 돌보거나 일정 기간 동안 새끼를 보호하는 모습을 보이는 녀석들이 있는 건 분명해.

진욱 여기 집게벌레가 있어요. 자주 보는 녀석이에요.

새벽들 고마로브집게벌레구나. 진욱이 말대로 우리나라 집게벌레 중에서 아주 쉽게 볼 수 있는 녀석이지. 집게를 보니까 수컷이구나. 암컷보다 집게가 더 길고 집게 사이에 돌기도 있단다. 그 옆에 암컷도 있네. 같이 비교하니까 좋구나. 녀석들은 짝짓기 후 암컷이 굴속에 알을 낳는다고 알려졌단다.

영서 여기 애는 누구죠? 집게벌레 같은데 온통 검은색이에요.

새벽들 그 녀석이 바로 고마로브집게벌레 애벌레란다.

진욱 네? 전혀 다른데요.

새벽들 아저씨도 처음엔 전혀 다른 집게벌레인 줄 알았다니까. 더듬이를 자세히 보면 어미와 많이 비슷할 거야.

영서 아하, 아직 날개가 없으니까 애벌레네요.

새벽들 집게벌레 중에는 고마로브집게벌레처럼 날개가 짧은 딱지날개와 긴 뒷날개로 이루어진 녀석도 있고 아예 날개가 없는 녀석도 있어서 단순히 날개만으로 어른벌레와 애벌레를 구별하긴 힘들어.

진욱 애들도 번데기를 안 만들죠?

새벽들 맞아. 번데기 없이 한살이를 보내는 안갖춘탈바꿈 곤충이란다. 집게벌레목에 속하지.

영서 애는 재미있게 생겼어요. 등에 노란 점이 있어서 눈에 확 띄는데요.

새벽들 좀집게벌레구나. 1906년 제주도에서 일본인 학자가 처음 채집한 집게벌레란다. 전국적으로 살지. 이 녀석이 좋아하는 곳은 계곡 주변의 축축한 곳이란다. 딱지날개가 끝나는 지점에 노란색 무늬가 있어서 쉽게 구별되지.

진욱 애는 뭘 먹어요?

새벽들 아직 녀석의 습성에 대해 많이 밝혀지지는 않았지만 다른 곤충의 번데기나 알을 먹는다고 알려졌어. 짝짓기 후에 암컷은 굴속이 아니라 풀 줄기에 알을 낳는다고 하지. 노란 점 때문인지 곤충을 좋아하는 사람들에게 인기가 많은 집게벌레란다.

영서 그럼 애도 날개가 있겠네요.

좀집게벌레 수컷

좀집게벌레 암컷

못뽑이집게벌레 수컷

못뽑이집게벌레 암컷

새벽들 잘 봤구나, 맞아. 이 녀석도 고마로브집게벌레처럼 날개가 발달했단다. 수컷은 자신의 영역을 침범하는 다른 수컷에게 날개를 펼쳐서 위협한다고도 해.

진욱 와, 이 아이는 집게가 엄청나요. 완전 멋져요.

영서 어디? 와, 정말이다. 멋져. 집게가 마치 병따개처럼 생겼어. 날개도 있는데?

못뽑이집게벌레 애벌레

새벽들 못뽑이집게벌레라고 하지. 망치 뒤에 보면 못을 뽑을 때 쓰는 거 있지? 이 녀석 집게 모양이 그렇게 생겨서 붙인 이름이란다. 물론 수컷만 그렇고, 암컷은 집게 모양이 평범하게 생겼어. 짧지만 날개도 있지. 아직 날개가 없는 녀석이면 애벌레란다. 영서 말을 듣고 보니 못뽑이보다는 병따개가 더 잘 어울리는데? 병따개집게벌레라. 아주 좋아, 하하.

진욱 집게벌레도 여러 종이 있네요. 이름도 재미있고요.

새벽들 더 재미있는 이름도 있단다. 끝마디통통집게벌레!

영서 정말이에요? 완전 재미있는 이름이네요. 마디 끝이 통통한가 봐요.

새벽들 통통하기도 하고 또 다른 특징도 있지. 특히 다리에 검은색과 하얀색이 번갈아 나타나서 금방 알아볼 수 있어. 신기하게도 이 녀석은 더듬이 3분의 2 부분의 세 마디가 하얀색이야.

진욱 다리, 더듬이, 통통……. 또 다른 집게벌레는요?

더듬이 세 마디가 하얀색이다.

다리에 하얀색과 검은색이 번갈아 나타난다.

끝마디통통집게벌레

새벽들 우리 주변에 집게벌레들이 많은데 아직 자료가 부족해서 이름 불러 주기가 쉽지 않아. 때론 같은 녀석을 서로 다른 이름으로 부르는 자료도 있지. 녀석들의 활동시간이 주로 밤이라 그런지 아직 많이 알려지지 않았단다. 우리 주변에서 비교적 쉽게 볼 수 있는 녀석으로 큰 집게벌레가 있는데 이 녀석은 오래된 염전 같은 곳에서도 발견된단다. 얼마 전에 오래된 염전을 조사했는데 거기서 수많은 큰집게벌레들

큰집게벌레 애벌레

큰집게벌레

큰집게벌레 방어 행동

고려집게벌레(긴꼬리가위벌레)

고려집게벌레(긴꼬리가위벌레)

멋쟁이꼬마집게벌레

을 봤지. 멋진 녀석이야.

진욱 어, 여기도 집게벌레가 있어요. 집게가 이상하게 생겼는데요.

영서 그러게. 민속촌에서 본 엿장수 가위처럼 생겼다. 이 아이를 엿장수 가위 집게벌레라고 불러요, 헤헤.

새벽들 어디 보자, 정말 독특하게 생긴 집게구나. 영서 말이 딱 맞네. 엿장수 가위처럼 생겼어, 하하.

진욱 얘도 집게벌레예요?

새벽들 아직 오락가락하는 녀석이야. 예전에 이 녀석은 고려집게벌레로 알려져서 사람들의 관심을 많이 받았는데 최근에 잘못 알려졌다는 이야기를 들었거든. 고려집게벌레는 멸종위기 곤충이라 곤충을 좋아하는 사람들이 꼭 보고 싶어 하는 녀석이지. 현재 우리나라에는 고려집게벌레가 살지 않는다고 하는데 그것도 확실하지는 않은 것 같아. 요즘은 이 녀석을 긴꼬리가위벌레라고 부르는데 아직 정확하게 정리된 이름은 아니야. 소나무 같은 나무껍질 사이에서 산다고 알려졌지. 이 녀석은 수컷이고, 암컷은 집게가 평범하게 생겼지. 좀 더 연구가 필요한 곤충이란다. 그냥 우리끼리는 엿장수가위벌레라고 할까?

진욱 엿장수가위벌레 좋은데요, 헤헤.

마무리,
다음을
기약하며……

새벽들 자, 여기서 잠깐 쉬도록 하자. 아저씨가 할 이야기도 있고.

영서 오늘도 많은 곤충을 보았어요. 신기한 곤충도요. 처음 보는 곤충들이라 더 신났고요.

진욱 다음에는 어디로 갈 거예요? 밤 곤충 탐사가 너무 재미있어요.

새벽들 아쉽지만…… 밤 곤충 탐사는 오늘로 마무리하기로 했단다.

영서 네? 그럼 우리 못 만나요?

새벽들 아저씨가 새로운 연구 주제를 해야 해서 이제 밤 곤충 탐사는 끝내야 하거든. 그동안 너희가 많이 도와줘서 고마웠어. 아저씨 혼자 다녔으면 힘들고 지쳤을 텐데 너희 둘이 있어 아주 신나는 여행이었단다. 정말 고마워.

진욱 아쉬워요. 그래도 또 만날 거죠?

새벽들 그럼, 또 만나고말고. 하하. 그래, 너희는 어땠니?

영서 전 완전 신났어요. 밤이라 무서울 줄 알았는데 완전 재미있고 신기했어요. 새로운 사실도 많이 알게 되었고요.

진욱 저도 그래요. 곤충들은 낮에만 활동한다고 생각했는데 밤에도 활동하는 아이들이 많아서 놀랐어요. 아마 밤에 다니지 않았다면 전혀 몰랐을 거예요. 제가 잘 아는 곤충도 밤에 보니까 완전 달랐어요. 아저씨가 곤충을 제대로 알려면 낮에도 보고 밤에도 보라고 한 말을 이제 조금 알 수 있을 것 같아요. 정말 감사드려요.

영서 야, 너무 분위기 잡지 마. 괜히 슬퍼지려고 하잖아. 전 이번 밤 탐사를 다니면서 깨달은 게 하나 있어요. 우리가 숲에서 마치 주인처럼 행동하는 게 정말 잘못됐다는 거죠. 곤충을 관찰한다고 함부로 잡거나 채집해서 데려가면 안 된다고 다시 한 번 다짐했어요. 지난번 캠핑장에서 발에 밟혀 배가 터졌던 나방이 자꾸 떠올랐어요. 숲에서 우리가 주인이 아닌데 주인처럼 행동하는 건 옳지 않으니까, 관찰할 때도 아주 예의바른 손님처럼 조심 또 조심해야 해요.

새벽들 와, 영서가 멋진 말을 하는구나. 아저씨도 그때 그 일로 마음이 많이 아팠단다. 생각도 많이 했어. 이렇게 곤충을 관찰한다고 돌아다니는 것이 미안하기도 했지. 영서 말을 듣고 보니까 아저씨가 많이 부족했다는 생각이 드네. 앞으론 더 조심하고 예의바르게 조사하도록 할게.

진욱 저도 배운 게 있어요. 사실 전 덩치가 크고 색깔이 화려하고 생김새가 멋진 곤충만 좋아했거든요. 처음에는 아저씨가 눈에 겨우 보일락 말락 한 작은 곤충이나 사람들이 관심을 가지지도 않는 곤충들을 열심히 관찰하는 게 이해가 안 됐어요. 그런데 이젠 좀 알 것 같아요. 숲에 사는 모든 곤충이 다 소중하다는 걸요. 크기나 색깔, 모양은 중요하지 않다는 것도요. 이렇게 곤충들에 대한 제 생각이 많이 바뀐 것은 모두 이번 밤 탐사 덕분이에요.

영서 와, 멋지다. 역시 내 친구야, 헤헤.

새벽들 그래, 고맙다. 아저씨도 깨달은 중요한 사실이 있단다.

영서 뭔데요?

새벽들 음, 영서는 짜증을 낼 때 간식을 주면 바로 기분이 좋아진다는 거, 하하.

진욱 맞아요. 아저씨가 완전 잘 보셨어요, 헤헤.

영서 뭐라고? 으으, 나빴어, 정말.

새벽들 자, 그만하고 내려가자. 영서는 화나면 무섭거든, 하하. 오늘은 아저씨가 쏜다. 우리 치킨 어때?

영서 와, 좋아요. 완전 신나요, 헤헤.

진욱 저것 보세요. 치킨이라는 말에 영서 화가 바로 풀렸어요, 헤헤.

영서 뭐라고? 너 이리 와, 가만 안 둔다.

새벽들 하하하!!

찾아보기

글에서 찾아보기 쪽수는 검은색으로, 사진에서 찾아보기 쪽수는 초록색으로 구분했어요.

가시날도래 143, 145
가시노린재 60, 62
가시모메뚜기 133
가시모메뚜기 133
가시점둥글노린재 63, 64
가위뿔노린재 26
각다귀침노린재 35
각시장님노린재 15
갈색날개노린재 65, 66, 77
갈색여치 103, 104
갈색주둥이노린재 73, 76, 77
갈색큰먹노린재 65
갑옷바퀴 151, 152
강도래 137
검은다리실베짱이 95, 96
검정꼽등이 108
검정넓적노린재 48
검정무늬침노린재 31
고려애장님노린재 15
고려집게벌레 157
고마로브집게벌레 153, 154
고산밑들이메뚜기 119
고운고리장님노린재 15
광대노린재 42
굴뚝긴노린재 23
굴뚝날도래 143, 144

굵은가위뿔노린재 26
귀뚜라미 109
극동귀뚜라미 110
극동꼬마땅노린재 59
극동애메뚜기 124, 125
극동왕침노린재 30, 77
긴가위뿔노린재 27
긴꼬리 112
긴날개밑들이메뚜기 115, 116, 117
긴날개쐐기노린재 37
긴수염대벌레 147, 150
깜둥긴노린재 22
깜보라노린재 65, 67
껍적침노린재 31
꼬마강도래 139, 140
꼬마먹노린재 65
꼭지메뚜기 124, 125
꼽등이 107~109
꽈리허리노린재 53, 54
끝검은메뚜기 123, 124
끝마디통통집게벌레 155, 156

날개날도래 143, 144
날도래 137, 138
날베짱이 93, 94, 95
남방뿔노린재 27

남색주둥이노린재 73, 76
넓적긴노린재 22
넓적배사마귀 80, 84, 89, 90, 91
넓적배허리노린재 49, 50
네점박이노린재 67, 77
노랑긴쐐기노린재 37
노랑날개쐐기노린재 36
노랑무늬알노린재 47
노랑배허리노린재 53, 54
녹색가위뿔노린재 27
녹색강도래 138, 140
눈박이알노린재 47

ㄷ

다리무늬두흰점노린재 67, 68
다리무늬침노린재 34
달라스긴노린재 22
닮은초록장님노린재 14
대륙무늬장님노린재 19
대벌레 147, 148, 149
대왕노린재 60, 61
더듬이긴노린재 20, 21
도토리노린재 43, 46
동쪽탈장님노린재 15
두꺼비메뚜기 129
두무늬장님노린재 16
두쌍무늬노린재 39, 41
두점배허리노린재 50
둘레빨간긴노린재 22
둥근날개날도래 143, 144

둥글노린재 64
뒤창참나무노린재 39, 40
등검은메뚜기 121, 122, 135
등빨간뿔노린재 27
땅강아지 112
땅노린재 59
땅딸보메뚜기 121, 122
떼허리노린재 53, 55
띠무늬우묵날도래 138, 143, 144

ㅁ

매부리 101, 102
맵시무늬고리장님노린재 16
먹노린재 63
먹종다리 109, 111
멋쟁이꼬마집게벌레 157
메뚜기 93, 115, 135
메추리노린재 67, 68
명아주장님노린재 14
모래방울벌레 111
모메뚜기 131, 132, 134
목도리장님노린재 16
못뽑이집게벌레 155
무늬강도래 139, 141
무당알노린재 47
무시바노린재 67, 68
미니날개애쐐기노린재 38
민날개침노린재 31
민어리여치 105, 106
민장님노린재 16

밀감무늬검정장님노린재 14, 18
밑들이메뚜기 115, 117, 118

ㅂ

발톱메뚜기 121, 122, 123, 131
방아깨비 126, 127, 135
방울벌레 109
방패광대노린재 43, 44, 46
배둥글노린재 64
배홍무늬침노린재 32
베짱이 93, 100, 101
벼룩메뚜기 134
변색장님노린재 16
별노린재 24
보리장님노린재 17
북방실베짱이 96
북방풀노린재 67, 68
북쪽비단노린재 69, 70
북쪽애땅노린재 58, 59
분홍날개대벌레 147, 150
분홍다리노린재 70
붉은잡초노린재 25
비율빈침노린재 33
빨간긴쐐기노린재 38
빨간촉각장님노린재 12, 13

ㅅ

사마귀 80, 83, 84, 87, 88, 89
산넓적노린재 49
산바퀴 151

삽사리 123, 124, 125
삿포로잡초노린재 25
설상무늬장님노린재 17
섬서구메뚜기 126~128
세꼭지무늬장님노린재 14, 19
소나무장님노린재 14, 19
소나무허리노린재 52, 53
수염치레날도래 142
스코트노린재 73
시골가시허리노린재 51, 52
실노린재 24, 25
실베짱이 93, 97, 98
십자무늬긴노린재 23
쌍별귀뚜라미 109, 110
쌕쌔기 112
썩덩나무노린재 57, 58
쐐기노린재 35

ㅇ

알락꼽등이 107, 108
알락날개쐐기노린재 38
알락무늬장님노린재 14, 18
알락수염노린재 73, 74
애기노린재 73, 74
애긴노린재 22
애매부리 103
애무늬고리장님노린재 17
애민무늬강도래 139, 141
애여치 105, 106
야산알락귀뚜라미 109, 110

어리무늬장님노린재 19
어리큰침노린재 33
어리흰무늬긴노린재 20
얼룩대장노린재 60, 62
얼룩뿔노린재 26
에사키뿔노린재 27, 28
여울알락방울벌레 111
여치 93
열점박이노린재 71, 72, 73
왕귀뚜라미 109, 110
왕노린재 60
왕사마귀 80, 81, 82, 83, 84, 85, 86
왕주둥이노린재 73, 75
왕침노린재 33
우단침노린재 33
우리가시허리노린재 50, 51, 52
우리갈색주둥이노린재 74, 76
우리벼메뚜기 120, 121
우리큰우묵날도래 143
원산밑들이메뚜기 118, 120
이시하라노린재 73, 74

작은주걱참나무노린재 39
잔날개여치 103, 105
잔침노린재 33
장삼모메뚜기 133
장수꼽등이 107
장수땅노린재 58, 59
장수허리노린재 53, 55

장흙노린재 71, 72
점박이둥글노린재 64
점흑다리잡초노린재 25
제주노린재 71
좀날개여치 105, 106
좀사마귀 80, 84, 89
좀집게벌레 154
좁쌀메뚜기 134
주둥이노린재 74, 76
줄베짱이 96, 99
진강도래 139, 140
집게강도래 139, 140
집게벌레 152, 153
집바퀴 151, 152

참가시노린재 63
참고운고리장님노린재 15
참밑들이메뚜기 118, 119
참북방밑들이메뚜기 118, 119
청나비날도래 142
청날개애메뚜기 124, 125
청동노린재 71
초록장님노린재 14
최고려애장님노린재 15
측무늬표주박긴노린재 21

ㅋ

콩중이 130, 131
큰검정뛰어장님노린재 17

큰광대노린재 43, 44, 45, 46
큰딱부리긴노린재 21
큰실베짱이 97
큰우묵날도래 143
큰집게벌레 156
큰허리노린재 53, 56

풀색노린재 67, 69
풀종다리 109, 111

한국강도래 138, 139
한국민날개밑들이메뚜기 118, 119
한국큰그물강도래 139, 141
해변메뚜기 121, 123
호리납작침노린재 33
홀쭉귀뚜라미 109, 111
홍다리주둥이노린재 73, 76
홍맥장님노린재 12, 13
홍비단노린재 70
홍색얼룩장님노린재 12, 13
희미무늬알노린재 47
흰무늬긴노린재 20

탈장님노린재 15
톱날노린재 48
톱다리개미허리노린재 53, 56
투명잡초노린재 25

팥중이 129~131
푸토니뿔노린재 27, 29

참고한 자료

책

김선주·송재형 글과 사진, 《한국 매미 생태도감》, 자연과 생태, 2017

김성수, 《나비, 나비》, 교학사, 2003

김성수·서영호, 《한국나비생태도감》, 사계절, 2011

김용식, 《원색 한국나비도감》, 교학사, 2002

김정환, 《한국 곤충기》, 진선, 2008

김정환, 《한국의 딱정벌레》, 교학사, 2001

김태우, 《메뚜기 생태도감》, 지오북, 2013

동민수, 《한국 개미》, 자연과생태, 2017

박규택 외, 《한국곤충대도감》, 지오북, 2012

박해철, 《딱정벌레》, 다른세상, 2006

백문기, 《한국밤곤충도감》, 자연과생태, 2012

백문기, 《화살표곤충도감》, 자연과생태, 2016

손재천, 《주머니 속 애벌레도감》, 황소걸음, 2006

신유항, 《원색 한국나방도감》, 아카데미서적, 2007

아서 브이 에번스·찰스 엘 벨러미 지음, 리사 찰스 왓슨 사진, 윤소영 옮김, 《딱정벌레의 세계》, 까치, 2002

안수정·김원근·김상수·박정규, 《한국 육서노린재》, 자연과생태, 2018

안승락, 《잎벌레 세계》, 자연과생태, 2013

이강운, 《캐터필러 1》, 도서출판 홀로세, 2016

이영준, 《우리 매미 탐구》, 지오북, 2005

임권일, 《곤충은 왜?》, 지성사, 2017

자연과생태 편집부, 《곤충 개념도감》, 필통속 자연과생태, 2009

장현규·이승현·최웅, 《하늘소 생태도감》, 지오북, 2015

정계준, 《야생벌의 세계》, 경상대학교출판부, 2018

정계준, 《한국의 말벌》, 경상대학교출판부, 2016

정광수, 《한국의 잠자리 생태도감》, 일공육사, 2007

정부희, 《버섯살이 곤충의 사생활》, 지성사, 2012

최순규·박지환, 《나의 첫 생태도감 동물편》, 지성사, 2016

허운홍, 《나방애벌레도감 1》, 자연과생태, 2012

허운홍, 《나방애벌레도감 2》, 자연과생태, 2016

사이트

곤충나라 식물나라 https://cafe.naver.com/lovessym

국가생물종정보시스템 http://www.nature.go.kr/

한반도생물자원포털 https://species.nibr.go.kr/